Buch

»Der Fehler vieler Reisebeschreibungen«, schreibt Willy Breinholst, »liegt darin, daß die Verfasser über Orte schreiben, in denen sie nie gewesen sind.«
Mit diesem heiteren Reisebuch legt der dänische Erfolgsautor nun 39 Geschichten aus Ländern vor, die er selbst bereist hat. Von Alaska bis zur Sahara, von Monte Carlo bis Hawaii, schmunzelnd folgt der Leser den Erzählungen rund um den Globus.

Autor

Seit Jahren steht Willy Breinholst immer wieder an der Spitze deutscher Bestsellerlisten. Mit seinen unterhaltsamen Erzählungen erreichte er eine Gesamtauflage von mehr als fünfzig Millionen Exemplaren. Der Autor lebt und arbeitet in Kopenhagen.

WILLI BREINHOLST

Ende gut...

39 heitere Geschichten

Mit Illustrationen
von Friedrich Kohlsaat

GOLDMANN VERLAG

Aus dem Dänischen übertragen von Wiebke Bösche
Originaltitel: Når enden er god

Made in Germany · 1/87 · 1. Auflage
Genehmigte Taschenbuchausgabe

Umschlaggestaltung: Design Team München
Umschlagillustration: Friedrich Kohlsaat
Druck: Elsnerdruck, Berlin
Verlagsnummer: 8463
UK/Herstellung: Sebastian Strohmaier
ISBN 3-442-08463-6

Inhalt

Vorwort

Während eines Gesprächs mit meinem Verleger – bei dem wir über alles andere als Verlagsgeschäfte sprachen – stellte mir der Mann endlich die Frage, auf die ich schon lange gewartet hatte:

Können wir dieses Jahr noch mit einem Manuskript von Ihnen rechnen?

Nein, erwiderte ich schnell und schüttelte den Kopf, seit vierzig Jahren freue ich mich auf den Augenblick, meinem Verleger einmal »nein« sagen zu können, und jetzt ist der Augenblick gekommen.

Nachdem ich vierzig Jahre lang um das »Ja« eines Verlegers gekämpft hatte, konnte ich es mir endlich leisten, »nein« zu sagen. Man muß Schriftsteller sein, um das verstehen zu können.

Nein, wiederholte ich, um die Situation voll auszukosten, während ich an dem lauwarmen Pulverkaffee nippte, der vor mir auf dem Palisandertisch des Verlegers stand, ich habe hundert Bücher geschrieben, und jetzt ist Schluß, definitiv Schluß. Ich habe seit langem beschlossen, mich nach meinem hundertsten Buch zurückzuziehen: in einen kleinen stillen, abseits gelegenen Pavillon am Rande von Kyoto, der alten japanischen Kaiserstadt. Dort will ich mein Otium genießen, nur mit einem Malerpinsel in der Hand und ohne eine Schreibmaschine in weitem Umkreis. Dort werde ich den ganzen Tag lang auf meinen Tatami-Matten bei offenen Reispapier-Türen sitzen und dem sanften Rieseln des Takara-Baches lauschen, den Duft der umliegenden Teeplantagen einsaugen und mich an meinen selbstgemalten Kakemonos erfreuen, während eine junge hübsche Geisha drüben beim Tokonama des Hauses kniet und fremdartige, friedlich klingende Melodien auf dem dreisaitigen Shamis spielt. Das ist der Traum meines Lebens, und nun mache ich ihn wahr. Ich höre bereits das Rieseln des Baches und die einschmeichelnde Musik.

Ich schwieg, ich hatte gesagt, was zu einem weiteren Manuskript von meiner Hand zu sagen war.

Der Verleger machte einen tiefen Zug an seiner Vormittagszigarre, dann begegnete er meinem Blick und versuchte, ihn festzuhalten.

Sie könnten Ihr Buch Nummer 101 schreiben, ehe Sie sich aus dem Staube machen. Nur so, aus Spaß – um der Welt zu zeigen, daß Sie noch weitere hundert Bücher schreiben könnten, wenn Sie Lust hätten ...

Nein.

Na gut, reden wir nicht mehr darüber.

Er schob die Kaffeetasse von sich, um zu demonstrieren, daß sich die Audienz ihrem Ende näherte.

Man muß ja auch erst eine gute Idee haben, griff ich das Thema wieder auf und rutschte unruhig auf meinem Stuhl hin und her, ich bin das ganze Repertoire durchgegangen: Gedichtsammlungen, Kriminalromane, Jugendbücher, Bekenntnisliteratur, Persiflagen, Sexromane, Bücher über Babys, über Kinder in allen Altersgruppen, über Eltern und Großeltern – die ganze Leier.

Der Verleger zog die Kaffeetasse wieder zu sich und nahm einen großen Schluck. Dann schnipste er mit den Fingern.

Ein Reisebuch, rief er, soweit ich weiß, haben Sie noch nie ein Reisebuch geschrieben. Sie haben die ganze Welt bereist, ohne jemals ein Reisebuch geschrieben zu haben. Das ist doch absurd. Sie können doch nicht einfach die Plastikhaube über die Schreibmaschine werfen, ohne ein Reisebuch geschrieben zu haben. Die Idee mit der kleinen Geisha und dem dreisaitigen Instrument klingt ja verlockend, aber als Schriftsteller haben Sie auch an Ihren international bekannten Namen und an Ihren Nachlaß zu denken.

Der Mann hatte recht. Ich ging nach Hause und ließ mir die Idee durch den Kopf gehen. Bevor ich mich jedoch endgültig dazu entschloß, wollte ich eine Marktanalyse vornehmen - denn als Schriftsteller muß man ja auch die wirtschaftliche Seite im Auge behalten, man muß ja leben, nicht wahr? Ich wollte den Bedarf und das Angebot an Reiseliteratur untersuchen und ging zum Buchhändler.

Haben Sie ein Reisebuch? erkundigte ich mich.

Ja, sagte er freundlich, das ganze Regal da drüben, vom Boden bis zur Decke, ist mit Reisebüchern gefüllt. Suchen Sie etwas Bestimmtes?

Nee, eigentlich nicht, ich wollte nur mal hören ...

Dann ging ich in die Bibliothek.

Wo stehen die Reisebücher? fragte ich.

Da drüben, half die Bibliothekarin bereitwillig, alle Regale an der Wand, das sind Reisebücher.

Ich ging hinüber und schritt die Wand ab, sie war etwa 16 m lang und 2,80 m hoch.

Ich kehrte nach Hause zurück und bearbeitete das eingesammelte Material: 44,80 qm Reisebücher in der Bibliothek und 15,50 qm Reisebücher beim Buchhändler, summa summarum: 60,30 qm Reiselektüre in nur einer Buchhandlung und nur einer Bibliothek.

Wissen Sie was, sagte ich auf der nächsten Sitzung

zu meinem Verleger – dem Mann mit den glänzenden Ideen –, ich habe das Gefühl, der Bedarf an Reisebüchern in dieser Saison ist einigermaßen eingedeckt. Aber ich habe mir die Sache durch den Kopf gehen lassen und möchte einen Vorschlag machen: Ich könnte eine Reihe von Geschichten über die Länder schreiben, in denen ich gewesen bin, die ich mit meinen eigenen Augen gesehen habe. Der Fehler vieler Reisebeschreibungen liegt darin, daß die Verfasser über Orte schreiben, in denen sie nie gewesen sind.

Okay, entschied der Verleger, gehen Sie nach Hause und schreiben Sie Ihre Geschichte – aber ich hätte eigentlich lieber ein Reisebuch gehabt.

Glücklicherweise jedoch haben heute auch die Schriftsteller ein Wörtchen mitzureden – außer natürlich, wenn der Vertrag geschrieben werden soll.

Ich wandte mich wieder an meinen Buchhändler.

Könnten Sie mir bitte das Regal zeigen, wo die Bücher mit spannenden Erzählungen aus der ganzen Welt stehen . . . aber wohlgemerkt, von Verfassern, die diese Orte persönlich besucht haben.

So ein Werk haben wir leider nicht . . . aber wie wär's mit einem Reisebuch?

Also ging ich nach Hause und schrieb mein Buch Nummer 101, eine Sammlung sonderbarer Geschichten aus der ganzen Welt – oder zumindest aus den Teilen der Welt, die ich persönlich von meinen Reisen kenne.

Ich muß jedoch sofort eine Einschränkung machen: Nicht besucht habe ich die kleinen Inseln im Pazifik, die den Rahmen um die Erzählungen *Der Gourmet* und *Die Paradiesinsel* bilden. Aber ich habe eine ganze Nacht allein mit einem Mädchen auf Honululu verbracht, daher habe ich eine Vorstellung, wie es auf diesen Inseln aussieht. Auch habe ich nicht mit meinen eigenen Füßen auf dem Nordpol gestanden – das bezieht sich auf die Erzählung *Polardrama* –, aber ich besitze Flugkapitän Kimotos signierte *Proclamation on crossing the North Pole*, was beweist, daß ich mit dem ersten *Japan Air Lines Jet Couriers* über den Nordpol geflogen bin. Ich weiß also, wie es dort aussieht: Es sieht dort verdammt kalt aus.

Nach der Lektüre von *Ende gut* ... wird man sich vielleicht darüber wundern, daß ich als Däne nicht eine einzige Geschichte in die skandinavischen Länder verlegt habe, nach Lappland, Island, Grönland oder auf die Färöer, wohin mich die meisten Reisen in den vergangenen Jahren geführt haben. Das liegt daran, daß ich all diese Geschichten für eine Sammlung Novellen aus dem Norden zurückgehalten habe. Für den Fall, daß mein Verleger versuchen sollte, mich zu meinem Buch Nummer 102 zu überreden ... bevor ich endgültig meine schnelle elektronische Olympia abschalte und mich in meinen japanischen Reispapierpavillon zurückziehe, inmitten von Teeplantagen, am rieselnden Takara-Bach, wo ich meinen Pinsel ergreife und wunderschöne Kakemono-Motive für meine Tokonama-Nische entwerfe.

Schließlich muß ich zur Geschichte *Partner-Kontakt-Reise zur Insel der Liebe* gerechterweise bemerken, daß ich sie wohl hätte auslassen sollen, da ich nicht sicher bin, daß ich auf Mallorca war – da, wo die Geschichte spielt.

Willy Breinholst

Der Ferne Osten
Tarang

Owen Stevenson war von der Weltgesundheitsorganisation WHO in den Fernen Osten in ein unterentwickeltes Land geschickt worden. Er hatte die Aufgabe, dort die Zivilisation zu verbreiten, den unterentwickelten Eingeborenen zu helfen, allen hirnverbrannten Aberglauben und alle heidnischen Vorurteile auszuräumen, das Licht im dunklen Dschungel der Unwissenheit zu verbreiten.

Gerade hatte er sich in der größten, auf Pfählen erbauten Bambushütte des Dorfes eingerichtet und sein Funkgerät, seine Schreibmaschine, die DDT-Spritze, den Medizinkasten, Trockenmilchdosen und was sonst noch zu einer sorgfältig vorbereiteten Hilfsausrüstung gehört, bereitgestellt, da erblickte er auf dem Dschungelpfad vor der Hütte einen Reisbauern, der auf einer alten Mähre dahergeritten kam, während seine kleine, schmächtige, mit einem Sarong bekleidete Frau mehrere Meter hinter ihm herschlurfte. Sie drohte unter der allzu schweren Last mit Reis gefüllter Bambuskörbe fast umzusinken. Der Reisbauer, ein stämmiger Eingeborener mit blitzenden schwarzen Augen, dem der Betelsaft von den geschwärzten Zähnen wie Blutstropfen herunterleckte, schien alles um sich herum vergessen zu haben. Er blies wie in Trance auf seiner Subei, einer langen Schilfflöte mit vier Löchern, eine klagende, monotone Melodie, die kaum geeignet war, die arme schwerbeladene Frau aufzumuntern.

Hier mußte ein Mann wie Owen Stevenson eingreifen. Er lief über den abschüssigen Steg hinunter zu dem Eingeborenen.

»Merkeda!« begrüßte er den Eingeborenen, der seinen Gaul anhielt, die Flöte aus dem Mund nahm und einen dicken Strahl Betelsaft durch seine schwarzen Zahnstümpfe ausspuckte.

»Merkeda!«

Stevenson fragte ihn nach seinem Namen.

»Tarang«, antwortete er.

Dann kam der WHO-Mann sogleich zur Sache: »Sag mal, Tarang, warum läßt du deine Frau all die schweren Sachen schleppen, während du selbst nur die Flöte bläst?«

»Das ist Sitte hier.«

»Aber könntest du nicht einige der Lasten auf deinem Sattel tragen?«

Tarang schüttelte den Kopf und steckte eine frische Betelnuß in den Mund.

»Nicht üblich hier, Pferd zu alt, kann nicht alle Lasten tragen.«

»Aber dann laß deine Frau vorausgehen, anstatt sie wie einen Hund hinterhertrotten zu lassen. Wenn du sie vorangehen ließest, könnte sie das Tempo bestimmen und wäre nicht so erschöpft. Außerdem ist es unhöflich, seine Frau hinterhergehen zu lassen, das ist eine Beleidigung für ihr Geschlecht.«

Tarangs sabbernder betelroter Mund verzog sich zu einem breiten Grinsen.

»Sitte hier«, meinte er sichtlich zufrieden.

Aber der WHO-Mann ließ nicht locker.

»Man sollte sich nie scheuen, etwas Neues zu probieren, Tarang, laß sie nun für den Rest des Weges

vorangehen, dann bekommst du auch diese Tüte mit rotem Tabak.«

Schnell nahm Tarang den Tabak an sich und befahl Dhotiga, seiner Frau, voranzugehen. Stevenson zog sich in seine Hütte zurück, zufrieden über seinen Erfolg.

Am nächsten Tag erblickte er wiederum Tarang auf dem kleinen Dschungelpfad, und wieder schleppte sich Dhotiga unter ihrer schweren Bürde hinter ihm her. Im Nu war Stevenson über den Steg unten bei dem Reisbauern.

»Aber, Tarang«, sagte er vorwurfsvoll, »hast du vergessen, was ich dich gestern gelehrt habe?«

»Nein, Tani Budaya«, kam es schnell von dem Bauern, wobei er seine Hand dem Amerikaner entgegenhielt, »du geben mir roten Tabak, und Dhotiga gehen voraus.«

Stevenson reichte ihm den Tabak mit vorwurfsvoller Miene. »Ihr solltet euch nicht für das bezahlen lassen, was ihr von weißen Männern lernt, das ist doch nur zu eurem Besten.«

Tarang spuckte einen Strahl roten Betelsaft über den hängenden Kopf des Gauls aus und zog seine Flöte hervor. »Sitte hier«, meinte er und befahl seiner Frau vorauszugehen.

Stevenson kehrte in seine Hütte zurück. Am nächsten Tag bekam er Malaria, und er mußte seinen Aufenthalt hier abbrechen und nach Hause reisen. Aber das Schicksal wollte es, daß er sich fünf Jahre später in demselben unterentwickelten Land befand – mit demselben Auftrag wie das erste Mal, denn trotz aller ehrlicher Bemühungen war es immer noch nicht gelungen, genügend Licht im Dschungel der Unwissenheit zu verbreiten.

In der Zwischenzeit war das kleine Land von schweren Prüfungen heimgesucht worden, Unruhen auf den Plantagen, Revolten und Kriegen. Aber die Hütte, in der er damals gewohnt hatte, stand immer noch auf den hohen Pfählen am Rande des Dorfes, und nachdem er fleißig seine DDT-Spritze benutzt hatte, zog er wieder dort ein.

Wie groß war seine Überraschung, als er schon bald eine kleine, schmächtige Frau im Sarong erblickte, die eine schwere Bürde schleppte. Er erkannte Dhotiga. Und seine Überraschung steigerte sich zur Verblüffung, als er sah, daß zehn Meter hinter ihr Tarang folgte, der langsam auf seinem ausgedienten Gaul ritt. Schnell sprang er über den Steg hinunter zu dem Reisbauern.

»Merkeda, Tan Budaya«, grüßte Tarang zurück, der auch den Amerikaner wiedererkannte.

»Na«, fuhr Stevenson mit herzlicher Stimme fort, »du kannst dich wohl auch an mich erinnern. Ich war es, der dir damals vorschlug, deine Frau vorangehen zu lassen, weil es eine Beleidigung für ihr Geschlecht sei, sie wie einen Hund hinterhertrotten zu lassen. Aber damals wolltest du nicht und sagtest ›Sitte hier‹. Nun sehe ich, daß du doch auf mich gehört hast.«

Tarang schickte einen langen blutroten Strahl Betelsaft ins dichte Unterholz des Dschungels.

»Sitte hier jetzt«, erklärte er, »Minengefahr.«

Rußland

Drama in Murmansk

Erinnern Sie sich noch an die englisch-russische Ballonfahrt zum Nordpol im Jahre 1899? Sie erinnern sich nicht? Da sieht man wieder, wie leicht große Ereignisse im Staub der Vergessenheit versanden.

Ich habe die Ballonfahrt nicht vergessen, es kommt mir vor, als wäre sie gestern gewesen. Ich bin Finkelton, der damals die Expedition leitete. Alexander Finkelton, der Urheber und der einzige Überlebende. Das heißt . . . Ruskisnowski lebt auch noch, aber das wurde mir erst klar, als ich ihm eines Tages plötzlich in einer Wodkaschenke in Murmansk begegnete. Er steckte mir seine langbärtige Visage unter die Nase und preßte einen Revolver hart zwischen meine Rippen.

Wollen Sie die ganze Geschichte hören?

Well, well . . . Es war geplant, von Spitzbergen über Franz-Josef-Land zum Nordpol zu fliegen. Der Ballon war aus chinesischer Seide und in ein Netz von italienischem Hanf eingehüllt. Wir verfügten über 800 m Schleppseil, und unser gesamtes Gewicht betrug 750 kg.

Jetzt kennen Sie die wichtigsten Maße, und wir können in die Luft steigen.

Als ortskundigen Führer wollte ich den russischen

Polarjäger Iwan Ruskisnowski aus Murmansk mitnehmen. Er war dumm, aber widerstandsfähig.

Am Morgen des 13. September 1899 bestiegen wir den Ballon.

»Überall kappen«, kommandierte ich.

Die Trosse wurden gekappt, der Ballon erhob sich majestätisch und trieb schnell in Richtung Norden. Am 17. September begannen wir an Höhe zu verlieren, und am 18. warfen wir den letzten Ballast mitten ins Eismeer. Trotzdem verloren wir weiterhin an Höhe, und die Gondel begann Wasser aufzunehmen. Gegen Mittag standen wir bis zum Gürtel in Wasser und Eismatsch, und Seelöwen, Seeleoparden und Zahnwale schnappten gierig nach uns.

»Die Situation ist unhaltbar«, entschied ich, »in einer halben Stunde reicht uns das Wasser bis zum Oberkiefer, und dann sind wir verloren.«

Ich fischte eine nasse Schachtel Streichhölzer aus meiner Tasche, zog zwei Hölzer heraus und knickte das eine in der Mitte durch. Dann hielt ich sie Ruskisnowski in der verdeckten Hand hin, ein kurzes und ein langes Holz. »Zieh eins«, sagte ich.

Er zog. »Das lange«, sagte er.

Ich zog das andere. »Das kurze«, sagte ich.

»Worum ziehen wir?« fragte er.

»Wir ziehen darum, wer von uns beiden ins Eismeer zu den Seelöwen hüpft, damit der, der zurückbleibt, wieder hochsteigen und Franz-Josef-Land erreichen kann. Wer das lange Stück gezogen hat, hat verloren. Ja«, nickte ich ernst, »du hast verloren.«

Er nahm es wie ein Mann auf, drückte mir zum Abschied die Hand, schwang sich über den Rand der Gondel und verschwand im Meer.

»Viel Glück«, rief ich ihm nach und stellte voller Befriedigung fest, daß der Ballon 200 m hochstieg.

Lange Zeit später saß ich also über eine Erfri-

schung gebeugt in einer Wodkaschenke in Murmansk, als plötzlich ein großer, düster blickender, schwarzbärtiger Mann in dickem Eisbärpelz und Schneeschuhen eintrat, den Schnee abschüttelte und mir einen Revolver in die Rippen preßte.

»Kennst du mich noch?« fragte er.

»Ruskisnowski«, rief ich, »du hast dich also retten können?«

»Ja«, nickte er finster, »ich trieb an der Weißen Insel an Land, und nach vielen einsamen Jahren dort bin ich schließlich hierhergelangt. Ich habe seitdem viel über die Streichholznummer nachgedacht.«

»Komm«, sagte ich leicht nervös, »nimm einen Drink.«

Ich schob ihm ein Glas Wodka hin.

»Hättest du etwas dagegen, mir die Nummer mit den Streichhölzern noch mal vorzuführen?« fuhr er fort und stieß mir den Revolver hart in die Seite.

Ich zog zwei Streichhölzer hervor, knickte das eine ab und hielt ihm halb verdeckt ein langes und ein kurzes hin.

»Zieh eins«, sagte ich.

Er zog. »Das kurze«, sagte er.

Ich zog das andere Stück. »Das lange«, sagte ich.

»Worum ziehen wir«, fragte er.

»Wir ziehen darum, wer den Wodka bezahlt. Wer das kurze Stück gezogen hat, der hat gewonnen.«

Er sah interessiert auf sein halbes Streichholz. »Das heißt . . .«

»Ja«, nickte ich, »du hast gewonnen.«

Ein breites Lächeln zog über sein Gesicht, und warm drückte er meine Hand.

»Dann hast du damals also doch keinen Schmu gemacht«, sagte er und leerte sein Glas auf mein Wohlbefinden.

Arabien

Wie Tod und Teufel

Chefingenieur Webster Booth leitete die Probebohrungen von Safed-el-Karraz für die *Iraq Petroleum Company*, Tochtergesellschaft von Anglo-Persian. Derzeit hatte er Besuch von einem guten Freund, dem WHO-Arzt Liam O'Neill. Sie hatten ihre Tropenhelme im Nacken hängen, das luftige Khakizeug am Halse aufgeknöpft. Auf klapprigen Safaristühlen saßen sie unter dem schattigen Zeltüberhang dösig da und verfolgten schweigend das Treiben der Bohrmeister, der Driller, die in einiger Entfernung mit ihren schweren Geräten an dem 45 m hohen Bohrturm, dem Derrick, hantierten. Man mußte sich bis zu dreitausend Meter in die Erde hineinbohren, bis man eventuell auf Öl stieß, und in der glühenden Hitze von fast 50 Grad war das ein verdammt dreckiger und schweißtreibender Job. Die Mannschaften arbeiteten in fünf Schichten Tag und Nacht, und langsam, aber sicher fraß sich der Rotationsbohrer in den Untergrund. Bei der Arbeit mit dem 8–10 m langen Bohrungsrohr mußte der Chefdriller darauf achten, daß den Bohrlöchern jede Minute dreitausend Liter einer schlammigen Soße aus Wasser und Lehm von den Zentrifugalpumpen zugeführt wurden. Jedesmal wenn eine tiefer liegende Steinschicht eine Bohrung zu behindern drohte, donnerten grobe Flüche durch die flimmernde Wüstenluft, und dann mußte man das Bohrungsrohr hochziehen und es Stück für Stück auseinandermontieren.

Es war wirklich ein verdammt dreckiger Job, und täglich verfluchten die Driller die Stunde, in der ihre Mutter sie geboren hatte. Aber hier war Geld zu machen, und jeden Abend gab es junge willige Arabermädchen und Feuerwasser bei Mohammed in der Zeena Bar der Wüstenstadt Kerkuk. Man brauchte nur mit den Fingern zu schnipsen, und dann hatte man von allem reichlich für die ganze Nacht.

Als aber die Bohrung mit den dünnen Stahlrohren in einem tiefen Schacht einen Einsturz verursachte und monatelange Arbeit unweigerlich verloren war, drangen derbe Schimpfworte an Webster Booths Ohren. Wie gewöhnlich überhörte er sie. Als ihm dann jedoch der Whisky ausging, kam Leben in ihn.

»By Jove«, murmelte er, »die Flasche ist leer, und wir haben keinen Tropfen mehr im Zelt.«

Liam O'Neill setzte verstimmt sein Glas ab. »Keinen Tropfen mehr?« rief er aus und klang plötzlich sehr erregt. »Das kann doch nicht dein Ernst sein, Webster. Und deine Driller, haben die auch nichts?«

»Alkohol hat ein Driller nicht, den trinkt er.«

Der Chefingenieur hielt die Flasche hoch, aber sie war und blieb leer.

»Abdullah!« schrie er in das Zelt hinein.

Einen Augenblick später erschien in der Zeltöffnung ein junger Araberkoch in seiner braunen Abaja.

»Ja, Effendim Inglese?«

»Hol die Feldflaschen, die wir neulich gekauft haben, fahr nach Kerkuk, geh zu Mohammed in die Zeena Bar und laß dir die Flaschen mit der starken Medizin füllen, die der Effendim vom IPC immer bekommt. Dann fährst du wie Tod und Teufel wieder zurück und lieferst die Flaschen bei mir ab, verstanden? Du kannst meinen Landrover nehmen, und vergiß nicht, du mußt schnell fahren, es geht um Leben und Tod.«

»Ja, Effendim.«

»Wenn du im Höllentempo fährst und nicht eine Sekunde in Kerkuk zögerst, kannst du in fünf Viertelstunden wieder hiersein. Die Feldflaschen liegen drüben im Depotschuppen 7 oder sonst in einem der Vorratszelte. Und gnade dir Gott, wenn du dich nicht beeilst, verstanden?«

»Ja, Effendim, Abdullah verstehen. Feldflaschen, starke Medizin, fahren wie Tod und Teufel, zurück in fünf Viertelstunden. Allah mich sehen in seiner großen Gnade. Verstanden, Effendim Inglese.«

Der Chefingenieur versuchte, Abdullahs dunklen Blick festzuhalten.

»Es schadet natürlich nichts, Abdullah, wenn du es schneller schaffst«, sagte er abschließend und wischte sich den Schweiß von der Stirn.

»Ja, Effendim farengi. Abdullah schnell, sich beeilen. Landrover noch schneller fahren als Tod und Teufel. Vielleicht zurück in vier Viertelstunden.«

»Yallah! Yallah!« hetzte ihn der Chefingenieur.

Abdullah wandte sich zum Gehen. Seine grob gewebte, faltenreiche Abaja schlackerte um seinen Körper, und selbstbewußt watschelte er in seinen ausgetretenen, plattfüßigen Beduinenschuhen auf die Depotschuppen zu.

Die beiden Männer unter dem Zeltdach versanken wieder in ihren Safaristühlen und schoben ihre Tropenhelme weit in den Nacken zurück, um die Schweißperlen von Gesicht und Hals zu wischen. Die Hitze wurde immer unerträglicher, und der Durst brannte ihnen auf der Zunge . . . Zehn Minuten vergingen. Diese Wüste war die Hölle auf Erden. Unge-

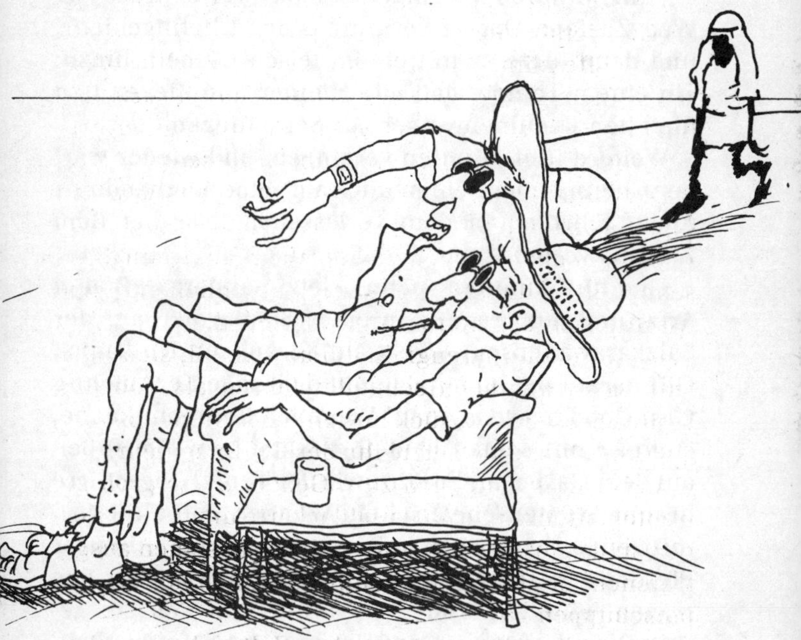

duldig warf der Chefingenieur einen Blick auf seine Armbanduhr.

»Jetzt rast Abdullah über die Sanddünen bei Ben i Ounef«, schätzte er.

Doktor O'Neill warf einen Blick auf die Uhr. »So weit kann er kaum gekommen sein.«

»Oho, er fährt wie der Teufel, der lange mohammedanische Kerl. Ich wette, er ist bereits an Ben i Ounef vorbei.«

Fünf Minuten vergingen. »Jetzt jagt er über die Wed-Zusfana-Oase«, vermutete der Chefingenieur, und dann fügte er mit einem leisen Lächeln hinzu: »In einem Tempo, daß alle Hühner und Ziegen und die alten Beduinenweiber zur Seite fliegen.«

Weitere fünf Minuten vergingen, und wieder warf der Chefingenieur einen Blick auf seine Armbanduhr. »Jetzt fährt er an dem verlassenen Ksar bei Beni Zusfana vorbei.«

Und fünf Minuten später: »Jetzt passiert er Bou el Arfa, und jetzt rast er in einer Staubwolke auf der Salzkarawanenspur direkt auf Kerkuk zu. Du kannst Gift darauf nehmen, jetzt gibt der lange Kerl tüchtig Gas. Good heavens, man! Wenn ich ihn recht kenne, steht er mit seinen beiden dickhäutigen Plattfüßen auf dem Gaspedal. Er fährt wie der Teufel, dieser irre braune Wüstenscheich. Kein Wunder, daß diese primitiven Kerle nicht zu halten sind, wenn sie ein paar Pferdestärken unter sich spüren. Denk mal an den trägen, einschläfernden Rhythmus, an den sie gewöhnt sind, wenn sie auf ihren elenden fettbuckeligen, steifbeinigen Kamelen daherreiten.«

Auch der Doktor gab seinen Kommentar ab, fast atemlos, wie die irre Fahrt des wilden Abdullah: »Und jetzt hat er Kerkuk direkt vor sich. Er saust an den Benzindepots von Oudjda Nwala vorbei . . . er fährt direkt auf den ölimprägnierten Kerkukweg . . . und jetzt . . . jetzt rast er auf zwei Rädern um die Ecke, an der Hamman-Bent-es-Sultan-Moschee vorbei.«

»Genau 36 Minuten sind vergangen, jetzt bahnt er sich den Weg durch Souk, drückt wie wild auf die Hupe, und jetzt bremst er vor der Zeena Bar, ergreift die Feldflaschen und schnappt sich Mohammed.«

»Jetzt reicht er Mohammed die Feldflaschen.«

»Und jetzt kriegt er sie gefüllt. Wie der Blitz rast er zum Landrover, startet, gibt Gas, läßt Souk hinter sich zurück und rast die ölimprägnierte Straße entlang, als hätte er Dynamitpatronen im Arsch.«

»Jetzt sind 45 Minuten vergangen. Er fährt an den Benzindepots von Oudjda Nwala vorbei. Und jetzt legt er sich in die Kurve und saust auf die Salzkarawanenspur.«

»50 Minuten. Jetzt rast er an dem verlassenen Ksar bei Beni Zusfana vorbei. Ein Teufel am Steuer! Wenn jemand die Räder schmieren kann, dann ist es Abdullah! Er ist stolz, mürrisch und eingebildet, aber fahren, das kann er, der braune Wüstenteufel.«

Mit starren Augen folgte der Chefingenieur seinem Uhrzeiger. »Und jetzt flitzt er durch die Wed-Zusfana-Oase, so daß alle Arabergören, Hühner und Ziegen und alte Weiber schreiend und fluchend zur Seite springen.«

»Jetzt saust er über die Sanddünen von Ben i Ounef.«

»Jetzt biegt er ab, und nun hat er den Derrick direkt vor sich, das ganze Gebiet, Depotschuppen, Zelte, den ganzen Zirkus. Wenn ich mich nicht irre, Liam, dann haben wir ihn in fünf Minuten vor uns – in vier Minuten – in drei Minuten . . . in einer . . .«

Der Chefingenieur schwieg. Schwere Schritte waren im Sand zu hören. Über den goldbraunen Wüstensand näherte sich auf seinen breiten Beduinenschuhen Abdullah mit plumpen Schritten. Die Arme hingen ihm schlapp an der grobgewebten faltenreichen Abaja herunter, und dann pflanzte er sich vor dem Chefingenieur auf.

»Effendim Inglese«, sagte er und richtete seine braunen Augen steif auf Webster Booth, »wo, sagtest du, lagen die leeren Feldflaschen? Wo, Effendim? Abdullah überall suchen, nirgends finden.«

Kanada
Drama in Fort Yokon

Sam Slade war Sergeant in der RCMP, *Royal Canadian Mountain Police*, der Königlich Kanadischen Reiterpolizei, die in ganz Kanada als *Rotmäntel* bekannt, bewundert und gefürchtet sind. Seit mehr als 20 Jahren diente Sam Slade in der RCMP, ohne mehr als einmal befördert worden zu sein, damals, als er seine Sergeantstreifen bekam.

Sam war ein netter Kerl, gutmütig, durch und durch ehrlich und pflichtbewußt, ein guter Kamerad, aber... na ja, vielleicht nicht die ganz große Leuchte. Eines Tages stellte ihm Kapitän Taylor eine anspruchsvolle Aufgabe: Er sollte den gerissenen und berüchtigten Banditen Kaktus-Kid verfolgen, den man vergeblich seit über sieben Jahren durch alle 48 Staaten gejagt hatte und der jetzt in die großen Wälder des Nordens geflüchtet war. Man wird verstehen, daß Kapitän Taylor mit besonderem Interesse lauschte, als Sam Slade sechs Wochen später zum Hauptquartier in Fort Nelson zurückkehrte, um Rapport abzulegen.

Fast halbtot vor Erschöpfung hatte sich Sam Slade in Kapitän Taylors Büro geschleppt, und jetzt stand er schwankend vor dessen Schreibtisch. Der Lichtschein der Deckenlampe warf einen kalten Schimmer auf sein bleiches, müdes Gesicht mit den langen dunklen Bartstoppeln und dem leeren, farblosen Blick.

»Ich kann Ihnen ansehen, daß es ein harter Törn war«, sagte Kapitän Taylor und reichte dem erschöpften Sergeant eine Schachtel Zigaretten hin.

Der Sergeant war zu schwach, um selbst eine zu nehmen: der Kapitän mußte ihm die Zigarette in den Mund stecken und sie anzünden. Gierig inhalierte der Sergeant den Rauch, und nach einigen Minuten hatte er sich so weit erholt, daß er berichten konnte.

»Irgendwo oben bei Firehole Canyon kam ich Kaktus-Kid auf die Spur, und ich verfolgte ihn drei Tage und drei Nächte nach Norden durch die Kennicott-Wälder, aber bei Chugach Mountains verlor ich ihn aus den Augen, bis mir ein paar Indianer berichteten, daß er in einem Kanu über den Copper River entkommen war. Das Kanu hatte er einem der Indianer gestohlen. Nach vielen Schwierigkeiten . . . möchten Sie Einzelheiten wissen, Sir?«

»Nein, nur in groben Zügen, Sergeant, nur in groben Zügen.«

»Well, Sir. In groben Zögen, keine Einzelheiten. Verstanden, Sir. Also, nach vielen Schwierigkeiten gelang es mir, ein Pelzjägerboot mit Anhängermotor zu beschaffen, einen Zweitakt-Winchester, Sir. Und ich nahm die Verfolgung auf. In der Nähe des Kuskowim-Falls erblickte ich ihn. ›Im Namen des Gesetzes, Kaktus-Kid!‹ rief ich ihm nach, ›ergib dich! Du hast alle Chancen verspielt!‹ Erlauben Sie mir, Sir, daß ich noch eine Zigarette nehme?«

»Gern, ich zünde Ihnen eine an. Na, und haben Sie ihn dann gekriegt?«

»Nein, der Kerl entwischte mir, indem er das Kanu an Land zog. Ich konnte meinen Motor nicht rechtzeitig stoppen und jagte mit einem Tempo von 16 Kno-

ten über die Kante des Wasserfalls. Bei der Rutsche habe ich arg nasse Socken gekriegt, Sir.«

»Kaktus-Kid ist Ihnen also entwischt?«

»Ja, Sir, für diesmal. Aber wieder gaben mir die Indianer einen Wink. Sechs Tage und sechs Nächte folgte ich seiner Fährte durch die große Yokon-Wildnis. Allmählich war ich durch die Strapazen sehr geschwächt. Aber wenn Kaktus-Kid das durchstehen konnte, nun, dann konnte ich es wohl auch. Nach einer Woche fast ohne Nahrungsmittel stieß ich – es war in der Nähe von Buffalo Ridge – auf einen Bärenjäger. Er half mir mit etwas Fleisch, einer kleinen Kanne Whisky, drei Dosen weißen Bohnen, ein wenig Tabak, ein Paar trockenen wollenen Socken und ...«

»Nicht zu viele Einzelheiten, Sergeant.«

»Well, verstanden, Sir. Ich nahm also die Verfolgung wieder auf, bis ich auf die Höhe von Lower Post kam. Hier fand ich einen unserer besten Leute, Sergeant Kearney, schwer verwundet in einer Holzhütte liegen, Kaktus-Kid hatte ihn mit Blei durchlöchert. Na, ich schüttelte ihn etwas, und er schlug die Augen auf. Es gelang mir, ihm einen Schluck Whisky in den Hals zu schütten. ›Es ist eine Belohnung von zehntausend kanadischen Dollar ausgesetzt für den, der Kaktus-Kid fängt, tot oder lebendig.‹

›Ohne mich, Sam‹, sagte Sergeant Kearney mit schleppender Stimme.

›In welche Richtung ist er weggelaufen?‹ fragte ich ihn.

›Richtung Norden‹, erwiderte Kearney, ›am White Horse Canyon entlang. Du mußt mir versprechen, Sam, daß du nicht aufgibst, bis du ihn hast ... tot oder lebendig. Er ist eine Plage für das ganze Land, er ballert drauflos und schändet alle Mädchen, wo er sich nur zeigt. Wenn ich jemandem die zehntausend

Dollar gönne, dann bist du es, Sam, du bist ihm doch dicht auf den Fersen, seit einem Monat schon. Und eine Beförderung hättest du wirklich auch verdient.‹ Als Sergeant Kearney diese letzten – sehr vernünftigen Worte über meine Beförderung ausgesprochen hatte, fiel ihm sein Kopf schwer auf die Brust.«

»War er fertig?«

»Yes, Sir, fix und fertig, tot wie ein Hering, ein zuschanden gebissener kanadischer Flußhering. Gestatten Sie, Sir, daß ich mir noch eine Zigarette nehme?«

»Okay, dann aber weiter.«

»Wie weit war ich gekommen?«

»Bis zur Holzhütte bei Lower Post.«

»Right, Sir, right. Von Lower Post streifte ich weiter durch White Horse Canyon, am Camarron River entlang und Pelling Crossing. Vierzehn Tage später erreichte ich Klondike, mehr tot als lebendig, Sir. In Dawson erfuhr ich, daß Kaktus-Kid weiter nach Alaska geflüchtet war. Ich holte tief Luft, nahm all meine Kräfte zusammen und jagte ihm weiter nach. Bei Eagle Cove half mir die Grenzpolizei auf die Spur, und unverdrossen setzte ich die Jagd fort, Richtung Norden, am Yokon River entlang, bis ich schließlich Fort Yokon erreichte. Wieder mehr tot als lebendig, Sir. An der Main Street liegt eine Kneipe, *McGurks Bar & Pool Room.* Ich ging hinein, um mich ein wenig zu stärken und mein Gehirn klarzuspülen. Und was glauben Sie, wer ist der erste Gast, den ich in dem verräucherten Lokal erblicke? Dreimal dürfen Sie raten, Sir.«

»Well, ich versuche es: Kaktus-Kid.«

»Right, Sir. Er saß mit ein paar besoffenen Goldgräbern bei einer Runde Poker. Vor sich auf dem Tisch hatte er einen schweren Revolver liegen, griffbereit zum Abknallen. Na, ich schlich mich also vorsichtig an ihn heran . . . von hinten . . . ohne daß er mich entdeckte. ›Okay, Kaktus-Kid‹, kommandierte ich streng, ›ergib dich jetzt. Du bist erledigt. Hände hoch, oder ich schieße dich ab, du elendes Ungeziefer.‹ Blitzschnell griff ich nach meinem Revolverholster . . . tja, und da entdeckte ich also, daß ich meine Waffe zu Hause im Hauptquartier vergessen hatte . . . Sir.«

China

Der Chinese, der das Lächeln vergaß

Es war damals im alten China, lange Zeit vor Mao, der Kulturrevolution und ähnlichen Geschichten. Damals lebte dort ein Räubergeneral namens Yang Ching Chang, ein grimmiger Kerl mit bösen Schlitzaugen, kurzen Säbelbeinen und orientalischem Hängebart. Wo auch immer er mit seiner wilden Horde auftauchte, warfen die armen geplagten Reisbauern schleunigst die Hirseschalen und Eßstäbchen hin und flohen über die Chinesische Mauer weit in die Mongolei hinein. Überall brannte der grausame General Yang Ching Chang die Dörfer mit all ihren Schutzgeistern ab, schändete die Frauen, schnitt den Dorfältesten den Haarzopf ab und steckte unter brüllendem Gelächter den frommen, ehrwürdigen Tempelherren chinesische Feuerwerkskörper und Knallfrösche unter die Seidenröcke. Die armen Tempelherren starben vor Schreck, und ihre gequälten Seelen schwebten noch wochenlang zähneklappernd in den Dachtraufen der Pagode herum, bevor sie sich soweit beruhigten, daß sie ihre Reise über die fünffarbigen Wolken im Reich der Geister bis hin zum Land der ewigen Ruhe fortsetzen konnten. Yang Ching Chang betrank sich jeden Tag mit Reisbranntwein, und den verarmten Reisbauern erlegte er so unmenschlich harte Steuerlasten auf, daß sie in die Knie sanken.

Jetzt haben Sie eine Vorstellung von dem Schurken unserer Geschichte, dem grauenhaften Räubergeneral. Und jetzt wollen wir Ihnen den Helden der Geschichte präsentieren.

Zugegeben, er war auch ein Räubergeneral, aber zu seiner Verteidigung läßt sich sagen, daß er es nicht ganz so schlimm trieb wie sein Kollege Yang Ching Chang. Von allem, was er raubte, gab er den Priestern den zehnten Teil ab, und wenn er sich gegen die Frauen verging, brannte er hinterher im Tempel immer eine Schale Weihrauch ab, damit die Götter ihm vergeben und seine sündige Seele wohlwollend empfangen mögen, wenn seine Stunde einmal gekommen wäre. Die Alten durften ihre Zöpfe behalten, und nie trank er so große Mengen Reisbranntwein, daß er nicht mehr mit einer gewissen Sicherheit feststellen konnte, in welcher Provinz er sich gerade befand.

Nun geschah es eines Tages, daß er in die Provinz Shensi geritten kam, um in der reichen Stadt Tungchow die Steuern einzutreiben, aber zu seinem großen Ärger entdeckte er, daß der grimmige General Yang Ching Chang ihm zuvorgekommen war und alles abgebrannt hatte. Nur den Tempel der tausend Götter hatte er stehenlassen und machte sich hier, in seiner primitiven Art von Humor, ein schändliches Vergnügen daraus, den Priestern knallende Feuerwerkskörper unter die schwarzen Kaftane zu stecken und ihnen ihre Seele aus den verschreckten Körpern zu jagen.

Unser Held, General Wong Ping Pong, jagte seine Leute gegen Yang Ching Changs wilde, vertrunkene Horde und schlug sie schnell in die Flucht. Und dann wurde der grimmige General Yang Ching Chang höchstpersönlich eingefangen. Man legte ihn in schwere Eisenketten und führte ihn Wong Ping Pong vor. Dieser machte kurzen Prozeß mit ihm.

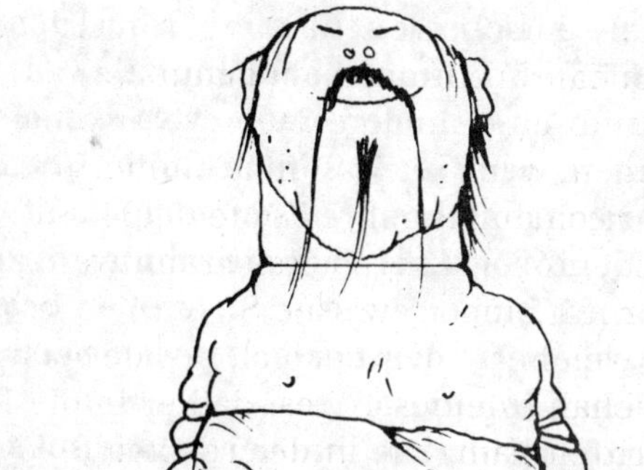

»Du hast dein Leben verwirkt, und ich werde deine elende gelbe Seele ins Land der Verdammten schikken, indem mein getreuer Scharfrichter, Kang Yang Wang, deinen Kopf von deinem sündigen Körper trennen wird.«

Wong Ping Pong winkte den Scharfrichter zu sich. Dann wandte er sich wieder an den General Yang Ching Chang. »Aber«, fuhr er mit barmherziger Stimme fort, »ich werde dir eine große Gnade erweisen. Du darfst entscheiden, ob mein Scharfrichter einen gewöhnlichen Krummsäbel benutzen soll, einen scharfen Krummsäbel oder einen extra scharfen.«

Haßerfüllt starrte General Yang Ching Chang mit seinen schrägen, kleinen, bösen Augen auf Wong Ping Pong. Kein Wort kam über die schmalen, zusammengebissenen Lippen unter dem großen orientalischen Hängebart in der feisten, pockenvernarbten mongolischen Räubervisage.

Wong Ping Pong kitzelte ihm den Bauch mit seinem schweren Kriegersäbel. »Na«, sagte er kurz, »entscheide dich jetzt.«

»Extra scharfer Krummsäbel«, fauchte Yang Ching Chang.

Also holte der Scharfrichter den extra scharfen Krummsäbel, zog ein Haar aus Yang Ching Changs Zopf und spaltete es der Länge nach. Ja, allerdings, der Säbel war superscharf, die Klinge war dünner als das dünnste Rasierblatt. Und als der Scharfrichter wenig später zur Handlung schritt und den Säbel gegen das Haupt des grimmigen Räubergenerals schwang, unterbrach nur ein zischender Laut für einen Moment die Stille, das war alles. Dann warf der Scharfrichter Kang Yang Wang den superscharfen Krummsäbel dem Räubergeneral vor die Füße, wandte sich seinem Herrn zu und gab bekannt, daß die Hinrichtung von Chinas schlimmstem Tyrannen, dem Quälgeist der Reisbauern, dem Schrecken der Frauen, dem Grauen der Tempelpriester, stattgefunden hatte.

Yang Ching Chang indessen stand immer noch am selben Fleck, wo er die ganze Zeit gestanden hatte. Auf seinen grausamen Lippen spielte bereits die Andeutung eines erleichterten Lächelns.

»Was denn«, murmelte er verständnislos, »es ist doch gar nichts passiert.«

»Nichts?« rief Kang Yang Wang mit schadenfrohem Blitzen in seinen kleinen schrägen Scharfrichteraugen, »dann versuch, mit deinem Kopf zu nicken!«

England
Der Mona-Lisa-Mord

Jetzt brauchen Sie gute Nerven, denn es folgt eine Geschichte aus dem berüchtigten Soho, der Unterwelt der Großstadt London, dem Stadtteil, wo die Gangster ihr Unwesen treiben. Und wir stürzen uns mitten hinein.

»Hallo, Alfie, alter Knabe, wie geht's denn?« erklang eine verdächtig freundliche Stimme hinter Gangster Alfies Rücken, als er gerade sein dunkles Hotelzimmer in Southwalk Lane betrat und die Hand nach dem Lichtschalter ausstreckte.

»Danke, gut«, murmelte Alfie verwirrt und spürte, wie ihm plötzlich der Schweiß auf die Stirn trat. Er wußte genau, was für ein kleines, hartes Ding ihm da in den Rücken gepreßt wurde, und er wußte genau, wie leicht das Ding losging.

Automatisch streckte Alfie seine Arme hoch, während schnelle Hände seinen Körper abtasteten, um nach versteckten Waffen zu suchen. Dann wurde das Licht angezündet. Hinter ihm stand der Gangster Luigi, vor ihm Robin Baby Face Cameron, sein Chef, in ganz Soho bekannt und gefürchtet als der ungekrönte König der Unterwelt.

»Na, du dachtest wohl, du könntest mit all den Silberlingen abhauen, du dreckiger kleiner Wurm, was?« fauchte Robin Baby Face Cameron und knallte dem wie gelähmt dastehenden Alfie eine Reihe schneller und präziser Schläge ins Gesicht, »aber so läuft das nicht ab. Aus, der Traum, du kleine Mistlaus! Mit Robin Baby Face Cameron ist nicht zu spaßen. Luigi hat dich den ganzen Tag im Auge behalten. Kannst du erraten, was jetzt mit dir passiert?«

»Ja, Boß«, stöhnte Alfie, und der Schrecken stand in seinen feigen Verbrecherzügen geschrieben, »ich soll eine Autofahrt machen.«

Robin Baby Face Cameron schüttelte den Kopf. »Nein, mein Lieber, so leicht kommst du nicht davon. Wir haben eine Überraschung für dich. Wir werden dir ein wenig gute Musik vorspielen. Fesseln, Luigi!«

Alfie wurde an einen Stuhl gebunden, daß er sich keinen englischen Zoll mehr bewegen konnte.

»Ihr könnt mich doch nicht einfach hier abknallen«, keuchte er, »das könnt ihr doch nicht machen. Das ist im ganzen Hotel zu hören. Wenn ihr mich erschießt, ist es euer Tod. Sagt doch, daß ihr mich nicht erledigen werdet. Ich schwöre, ich werde nie wieder so eine Nummer drehen.«

Die beiden Gangster schwiegen. Sie stellten einen Plattenspieler vor Alfie auf den Tisch. Dann befestigten sie sinnigerweise daran einen Revolver, derart, daß er abgehen würde in dem Augenblick, wo die Platte zu Ende gespielt war. Dann würde sich die Kugel in Alfies Herz bohren.

»Man sollte das beim Patentamt anmelden«, sagte Robin Baby Face Cameron mit kaltem Grinsen. Dann wandte er sich an Alfie und sagte mit einschmeichelnder Stimme: »Na, was möchtest du denn hören, mein Junge? Soll es etwas Klassisches sein, vielleicht Chopin? Den ersten Satz seines Klavierkonzertes in f-moll? Oder wie wär's mit einem Präludium von Johann Sebastian? Wir ziehen alle Register der heißen Orgel, nicht? Stell dir vor, du schwebst direkt in die

Hölle unter den Klängen einer Kantate mit Trompeten und Engelchor und allem Drum und Dran.«

Robin Baby Face Cameron zog eine Platte aus dem mitgebrachten Album. »Oder wie wär's hiermit? *Mona Lisa* mit den Rock-Starlighters. Das trifft sicher besser deinen Geschmack. Wir nehmen die.«

Der Gangsterboß legte *Mona Lisa* auf und stellte den Plattenspieler an. Sie stopften Alfie einen Knebel in den Mund und gingen dann rückwärts zur Tür. »Und jetzt hör gut zu, denn du hörst das Lied ja nur einmal«, grinste Luigi und schloß die Tür hinter sich. Alfie hörte, wie der Schlüssel von außen umgedreht wurde. Dann war er allein. Die heiseren Stimmen der Rock-Starlighters drangen an sein Ohr: »Mona Lisa, Mona Lisa hat man dich genannt, yah, yah, wegen deines unergründlichen Lächelns, yah, yah ...«

Alfies Blick wich keine Sekunde von der Platte. Die Nadel hatte sich schon den halben Weg auf der Platte vorwärts bewegt. Der kalte Schweiß des Grauens stand ihm auf der Stirn, er war einer Ohnmacht nahe.

»Du verbirgst, honey, die falschen Schläge deines Herzens, yah, yah, du bist nur ein gemalter lächelnder Betrug, yah, yah ...«

Alfie wurde fast wahnsinnig vor Angst und Verzweiflung, noch eine Strophe, und dann war es um ihn geschehen. Er konnte keinen Finger rühren, keine Augenbraue bewegen. Er war wie gelähmt, als die Rock-Starlighters die letzte Zeile begannen: »Mona Lisa, Mona Lisa hat man dich genannt, yah, yah, und dein Lächeln wird die Männer ins Verderben locken ... Mona Lisa ... na Lisa ... na Lisa ... na Lisa ... na Lisa ... na Lisa ...«

Alfie hätte vor Freude laut schreien können, wenn er nicht gerade einen Knebel im Mund gehabt hätte.

Die Platte hatte eine Schramme, die Nadel blieb in der Rille hängen.

Nahost

Das Kriegsgericht tagt

Der rote Schimmer der Morgendämmerung überglänzte die Wüste und kündigte drohend die glühende Hitze des kommenden Tages an. Major Whitney traf in seinem Zelt die letzten Vorbereitungen für das Kriegsgericht. Eine düstere Stimmung lag über dem gesamten UNO-Lager, und man hatte die Wachen vor dem interimistischen Arrestlager der Kompanie verstärkt. Im Arrestzelt saß der gemeine Soldat Colin Gwinnett, der Koch der Offiziersmesse, Eckpfeiler des UNO-Lagers, zusammengesunken auf der Kante eines Klappstuhls. Verzweifelt schüttelte er seinen riesigen rotwangigen Kopf und versuchte vergeblich, seinen Katzenjammer zu überwinden und sich daran zu erinnern, was eigentlich vorgefallen war. Er wußte nur noch, daß er in eine wilde Schlägerei geraten war, er hatte eine zwielichtige Kneipe aufgesucht, *Bar Engleysi* – oder war es *Café Zafar Abba*? –, hatte den größten Teil des Inventars zertrümmert, ein paar MPs zusammengeschlagen, war mit einer kreischenden arabischen Schlangen- oder Bauch- oder Schleiertänzerin abgehauen, und bei der Verfolgung durch die Militärpolizei hatte er irgendeinem Offizier, der sich mit seinen Fäusten in das Gemenge gemischt hatte, eine Flasche über den Kopf geschlagen.

In Major Whitneys Zelt war jetzt alles vorbereitet. Auf seinem Tisch lag das Standrechtsprotokoll und die Kriegsrechtsgesetze an den betreffenden Stellen aufgeschlagen, Tinte, Federn und Papier für die Protokolle lagen bereit, man hatte Klappstühle für die Beisitzer und Zeugen aufgestellt, und innerhalb und außerhalb des Zeltes hatte die Militärpolizei Stellung bezogen.

Colin Gwinnett wurde von zwei stämmigen MPs hereingeführt. Keiner wagte zu atmen, als dann Major Whitney eintrat, groß, schwer und furchteinflößend. Verkrustetes Blut am Hinterkopf verriet die Wunde, die ihm der gemeine Soldat Colin Gwinnett in der Hitze des Gefechtes mit einer Flasche billigen Whiskys beigebracht hatte.

Der Major setzte sich, blätterte im Protokoll und in den Kriegsrechtsgesetzen der Armee, verfolgte mit seinem Finger als Wegweiser den Paragraphen mit der Todesstrafe, wobei er den Text leise und mit gerunzelten Brauen ein paarmal vor sich hin murmelte, um sich zu vergewissern, daß er den Text richtig verstanden hatte. Dann zwirbelte er seinen kräftigen grauen Bart und blickte den Angeklagten an.

»Well«, begann er und lehnte sich gewichtig auf seinem Sitz zurück. »Sie werden ein faires und gerechtes Urteil bekommen. Nach den geltenden Gesetzen haben Sie das Recht, sowohl mir als auch den Beisitzern Fragen zu stellen. Und Sie haben das Recht auf eine kurze Verteidigung sowie einzelne wichtige Zeugenaussagen, soweit das den Lauf der Verhandlung nicht unnötig verzögert. Verstanden?«

Der gemeine Soldat Colin Gwinnett reckte sich und knallte die Hacken zusammen, daß der Wüstensand wie eine Staubwolke zwischen seinen Fettlederstiefeln aufwirbelte. Er hatte verstanden.

»Und jetzt erstatten Sie einen kurzen, präzisen Bericht über das, was eigentlich Ihrer Auffassung nach im *Café Zafar Abba* geschah.«

Wieder knallte Colin Gwinnett die Absätze aneinander. »Sir! Ich und die Kumpels vom 13. Bataillon saßen in jener stillen kleinen Kneipe und tranken friedlich unseren Minzetee, als plötzlich . . .«

Major Whitney schoß von seinem Stuhl hoch und hämmerte seine Fäuste auf die Tischplatte, so daß Papiere, Feder und Tintenfaß einen Salto durch die dünne Wüstenluft schlugen.

»Minzetee!« brüllte er mit einer Kraft, daß sein großer schwerer Bart vibrierte, »Sie verdammter Lügner! Ihr habt gesoffen wie eine Herde lausiger afrikanischer Schwammtiere. Genau das habt ihr getan. Und Sie sind um diese miese arabische Bauchtänzerin herumgesprungen wie asiatische Buckelziegen in der Brunstzeit. Ich habe genau gesehen, wer die Schlägerei angefangen und wer meine Ordonnanz zu Boden geschlagen hat, wer den MPs seine dicke, fette Faust in die Visage gehämmert hat. Versuchen Sie ja nicht, sich auch nur mit einer Silbe zu verteidigen. Hier bin ich es, der bestimmt. Ich kenne Kerle von Ihrem Kaliber. Sie sind ein verdammt guter Koch, aber ein zu elender Soldat, als daß man ihn auf andere Leute loslassen könnte. Wir sind hierhergekommen, um Ruhe und Ordnung zu schaffen und die streitenden Parteien im passenden Abstand voneinander zu halten. Wenn unsere Kompanie hier einen schlechten Ruf genießt, dann haben wir das Halunken wie Ihnen zu verdanken. Aber jetzt ist Schluß damit. Sie können siebzehn arabische Flüche darauf schwören, daß ich meine Position kenne und keine Nachsicht üben werde. Ich werde ein Exempel statuieren, daß es der ganzen Kompanie eiskalt über den Rücken läuft . . .«

Major Whitney hielt einen Augenblick inne, um einen Mundvoll heiße Wüstenluft zu schnappen. Sein wohlgenährter Kopf war rot angelaufen, und er schien kurz vor einem erstklassigen Herzinfarkt zu stehen.

»Darauf können Sie sich verlassen, ich werde ein Exempel statuieren«, nahm er dann den Faden wieder auf und hämmerte auf das Kriegsrechtsgesetz mit dem Todesstrafenparagraphen, »nach dem verdammten Schlag, den Sie mir mit der Flasche auf den Kopf gegeben haben, dürfen Sie nicht erwarten, daß ich noch einen Funken Mitleid für sie übrig habe. Sie sind der schlimmste Raufbold im ganzen Lager, Sie zersetzen die militärische Disziplin. Sie sind eine Pest für unser Lager, ein elendes Geschmeiß, eine absolute Null, die nicht mehr wert ist, als für alle Zeit und Ewigkeit ausradiert zu werden. Ich weiß, daß die Offiziersmesse einen ausgezeichneten Koch verlieren wird. Sie werden schwer zu ersetzen sein, aber . . .«

Major Whitney schwieg. Für einen Augenblick ließ er seinen behäbigen Bauch schwer gegen die Tischplatte sinken. Er begegnete Colin Gwinnetts schuldbewußtem Blick, dann ging er zitternd vor berechtigtem Zorn auf den Angeklagten zu. Zwei Sekunden stand er stumm und verbissen vor ihm. Dann riß er schnell und resolut die gesamte Reihe blankpolierter Knöpfe, Abzeichen, Kokarden und Mützenembleme von Gwinnetts Uniform und warf ihm alles mit einem grauenvollen, militärischen Fluch vor die Füße in den Wüstensand.

»Bitte sehr, Sie Pappkopf!« brüllte er, »verschwinden Sie jetzt, los, rüber ins Depotzelt und nähen Sie den ganzen Scheiß wieder an! Und dann braten Sie uns ein paar große, saftige Kamelschenkelsteaks. Die Sitzung ist beendet.«

Ungarn
Osteuropäisches Experiment

Prustend und schnaufend dampft ein kleiner Personen- und Güterzug aus der kleinen Stadt Makoszék in Richtung Budapest. In einem der kleinen, ungemütlichen Abteile sitzt auf der harten Holzbank ein junger Bauer in einem ärmlichen, fadenscheinigen Wams. Aus einem zusammengebundenen, gepunkteten Kopftuch holt er ein grobkörniges Schwarzbrot, ein paar rote Zwiebeln und ein Stück Juhturó, ungarischen Ziegenkäse.

Ihm gegenüber sitzt ein altes Mütterchen mit einer weißen Henne auf dem Schoß. Interessiert schaut sie dem Bauern zu, wie er das Brot in drei gleiche Teile bricht.

»Jó étvágyat!« sagt er und reicht der alten Frau lächelnd ein Stück Brot. Sie nickt leise und zufrieden, nimmt das Brot und läßt auch ihr Huhn daran picken. »Ga-ga«, sagt das Huhn freundlich.

Der junge Bauer reicht das zweite Stück Brot dem dritten Passagier im Abteil, einem jungen, üppigen Mädchen mit großen schwarzen feurigen Augen.

»Köszönöm szépen!« lächelt sie dankbar. Der junge Bauer teilt auch Käse und Zwiebeln mit den beiden Reisenden, und dann holt er eine Flasche Tokajer aus seinem schweren Wams, nimmt einen tüchtigen Schluck und läßt die Flasche weitergehen.

»Ah«, sagt das alte Müttechen genießerisch und trocknet sich den Mund mit dem Rücken ihrer gerunzelten Hand, »be lehet rugni tokajitól.«

Sie reicht die Flasche dem jungen hübschen Mädchen mit den schwarzen Augen.

Bald entsteht eine lebhafte Unterhaltung. Der Zug erreicht schließlich prustend und schnaufend die braune Wüste Kecskezallas. Ein neuer Passagier steigt ein, ein Sowjetoffizier. Es wird ganz still im Abteil. Schnell versteckt der junge Bauer die halbvolle Flasche Tokajer in seinem Wams, die alte Frau drückt schützend ihre weiße Henne an sich, und das junge Mädchen mit den schwarzen Augen wendet das Gesicht ab. »Gru«, sagt die Henne mit deutlichem Unbehagen.

Der russische Offizier setzt sich. Die Lokomotive spuckt einen dicken schwarzen Rauchschleier aus, sammelt alle Kräfte und zieht den kleinen Personen- und Güterzug weiter in Richtung Budapest.

In tiefem Schweigen setzen die Passagiere die Reise durch die ungarischen Mittelgebirge fort. Selbst die weiße Henne gibt keinen Laut von sich. Der russische Offizier läßt seinen Blick über das Huhn hinweggleiten, über die Zwiebeln in dem ausgebreiteten, gepunkteten Kopftuch bis zu den wohlgeformten Beinen des jungen Mädchens. Die alte Frau starrt vor sich hin. Der junge Bauer in dem fadenscheinigen Wams reinigt sorgfältig seine abgewetzten Nägel mit einem Splitter, den er aus der Holzbank gezogen hat. Mit gekünsteltem Interesse betrachtet das junge Mädchen die Landschaft, die draußen, in einer dichten Wolke von grauschwarzem Rauch aus der asthmatisch prustenden Lokomotive, vorbeigleitet. Das weiße Huhn kuschelt sich auf dem Schoß der alten Frau zurecht und macht ein kleines Nickerchen.

Der Zug nähert sich dem Cserhat-Massiv und verschwindet plötzlich in einem Tunnel. Es wird stockfinster im Abteil. Einen Augenblick später hört man einen Laut wie von einem schmatzenden Kuß und gleich darauf ein Klatschen wie von einer schallenden Ohrfeige. Keiner spricht ein Wort.

Als der Zug wenig später wieder ins Tageslicht taucht, hält sich der russische Offizier die Hand an die linke Wange, die nach der gewaltigen Ohrfeige von einer brennenden Röte überzogen ist. Jeder macht sich seine Gedanken über das Vorgefallene.

Das alte Mütterchen mit der weißen Henne denkt: »Da hat der Szovjet-Százados gekriegt, was er verdient hat. Er hat die Dunkelheit ausgenutzt und das Mädchen geküßt, und sie hat Gott sei Dank ihre Ehre und Tugend verteidigt.«

Das junge Mädchen mit den feurigen schwarzen Augen denkt: »Wie merkwürdig. Ugyan miért. Warum hat denn der russische Offizier die alte Frau geküßt anstatt mich?«

Der russische Offizier denkt: »Der junge Bauernlümmel ist ja ein schlaues Aas. Frech raubt er dem Mädchen einen Kuß . . . und sie gibt mir die Ohrfeige.«

Der junge Bauer in dem fadenscheinigen Wams denkt: »Das ist ja ein tolles Ding. Határozottan. Ich küsse meinen Handrücken mit einem lauten Schmatzer, gebe dem Russen eine kräftige Ohrfeige . . . und komme mit heiler Haut davon.«

Amerika
Drama auf Highway 407

Drüben in Amerika, ja, da rast man wirklich unverantwortlich schnell über die Landstraßen. Nehmen wir nur mal den haarsträubenden Fall, der sich an der Highway 407 zwischen Dawson City und Miles Green ereignete, genauer gesagt, auf der stark befahrenen, geraden Strecke mit den vielen unübersichtlichen Abzweigungen zwischen Strawberry Valley und Highfield View. Chief-Polizeisergeant Nick Harmony und Polizeisergeant Jeff Oakley waren derzeit auf Motorpatrouille H-O 13 und Zeugen des Vorfalls.

Die beiden Polizeisergeanten haben den Schock noch immer nicht überwunden, sie hatten sich sechs Wochen für einen Erholungsurlaub im Heim der Verkehrspolizei freinehmen müssen, hoch oben in den Bergen von Rocky Range, um ihre Nerven so weit zu beruhigen, daß sie sich wieder einigermaßen gefestigt zum Dienst melden konnten.

Es hatte sich, in groben Zügen, folgendes ereignet: Nick Harmony, 1. Polizeisergeant, 34, verheiratet, auf Routinepatrouille im Distrikt, und Jeff Oakley, 2. Polizeisergeant, 28, ledig, ebenfalls auf Routinepatrouille, hatten sich hinter einem großen Coca-Cola-Reklameschild versteckt. Sie krallten ihre weißen Motorradhandschuhe fest um den Handgriff ihrer riesigen BMZ-900-cc-Rocket-Maschinen, startbereit, um jeden Augenblick vorzupreschen, sobald sich der erste Verkehrssünder hier auf dem Highway 407 zeigen würde. Hundert Yards vor dem Reklameschild waren Bauarbeiten im Gange, und überall standen Warnschilder mit der Aufschrift ROAD CONSTRUCTIONS, die den Autofahrern geboten, das Tempo auf 20 Meilen runterzuschrauben. Die Erfahrung zeigte, daß es immer wieder Idioten unter den Fahrern auf dem Highway 407 gab, die ein Warnschild von 15 Fuß Höhe und 30 Fuß Breite absolut nicht sehen konnten, sondern das Gummipedal hart auf die Fußmatte drückten und einfach weiterrasten. Daher rechnete die Motorpatrouille H-O 13 damit, daß es bald etwas zu jagen geben würde, und daher hatten die Sergeants ihre Motorradbrillen gar nicht erst auf die Stirn hochgeschoben, wie sie es sonst in Wartestellung taten, nein, sie konnten im Bruchteil einer Sekunde Gas geben und auf 100 Kilometer pro Stunde beschleunigen, bevor noch ein armer Teufel bis 3 zählen konnte.

Und dann plötzlich, dann geschah es. Ein roter Stationcar raste am ROAD-CONSTRUCTIONS-Schild vorbei, ohne den Fuß auch nur ein Viertel englischen Zoll vom Gaspedal zu nehmen. In einem Tempo von vermutlich 140 Meilen pro Stunde – bedenken Sie, wir rechnen mit Meilen hier, und das sind eine ganze Menge im Vergleich zu den lächerlichen Kilometern, mit denen unsere Patrouillen hierzulande zu tun haben und mit denen sie dann so fürchterlich aufschneiden – jagte das rote Stationcar an einer Ausfahrt vorbei, und ca. hundert Yards vom Cola-Schild entfernt streifte es einen Bauarbeiter, daß dieser 117mal durch die Luft gewirbelt wurde, bevor er wie eine Rakete nach oben flog, in einem hohen Bogen elegant durch die Luft sauste und gerade am Vorder-

rad des Chief-Polizeisergeant Nick Harmony zu Boden klatschte, tot wie eine portugiesische Sardine, die auf ein Sandwich geschmiert wird.

Wenn das keine Herausforderung war!

»Gosh!« rief Nick Harmony und setzte dem roten Stationcar nach. Jeff Oakley folgte unmittelbar. Tod und Highway, wie sie ihm nachsetzten! Sie kurbelten ihre riesigen Maschinen an, daß sie alle Raketen auf der Kennedybase hinter sich gelassen hätten, bevor diese sich in die Umlaufbahn retteten. Aber auch das rote Stationcar konnte jagen, Tod und Highway, wie es jagen konnte, so schnell, daß es Snailwell Falls erreichte, bevor Nick Harmony es einholte.

Langsam, aber sicher verringerte sich der Abstand zwischen dem Fluchtfahrer und den strengen, weißbehandschuhten Hütern des Gesetzes.

Nick Harmony beugte sich auf seiner schweren Maschine weit vor, um möglichst wenig Luftwiderstand zu bieten, und Jeff Oakley legte sich in seinen Windschatten und ließ sich gleichsam mitsaugen. So ging die wilde Jagd weiter, Meile um Meile, bis sich schließlich die Motorpatrouille H-O 13 dem roten Stationcar an die Seite legte, um sich dann in kleinen, hartnäckigen Schüben an ihm vorbeizufressen. Nick war anderthalb Längen an ihm vorbei, als er plötzlich scharf vor ihm einbog. Da war es um das rote Stationcar geschehen, es mußte nach rechts abdrehen und anhalten. Nick stieg vom Sattel und trat näher, Jeff folgte.

Ein ausgekochter, junger Flegel in ebenholzschwarzer Jacke, auf deren Rücken groß die Aufschrift RED DEVIL prangte, stieg zigarettenqualmend aus dem Wagen und wartete nonchalant auf die beiden Polizeisergeants.

»Na«, meinte er gelangweilt, als die beiden sich breitbeinig vor ihm aufstellten.

»Sie haben unten bei Highfield View einen Mann überfahren«, sagte Nick kalt.

»Und wenn man einen Mann anrempelt, daß er durch die Luft fliegt und auf den Asphalt klatscht wie ein verschmierter Klecks Gelee, was tut der verantwortungsvolle Autofahrer dann?« fügte Jeff ebenso kalt hinzu.

Der junge Schnösel sandte einen Silberstrahl Virginiarauch durch seine Nasenlöcher und zog tief an seiner Zigarette.

»Dann hält man brav an, fegt ihn zusammen, wirft ihn in den Wagen und fährt wie der Teufel mit den Knochen zum nächsten Krankenhaus, und wenn er noch lebt, flicken ihn die Ärzte zusammen, und dann lernt er es vielleicht, beim nächsten Mal seinen Arsch beizeiten wegzuziehen.«

Nick Harmony holte tief Luft, bevor er fortfuhr und dabei den Blick des jungen Schnösels festhielt: »Well, Sie wissen also, daß es Ihre Pflicht ist, dem Verletzten Erste Hilfe zu leisten und ihn so schnell wie möglich in ein Krankenhaus zu bringen?«

»Warum, zum Teufel – im Namen des Gesetzes –, haben Sie dann nicht angehalten und den Mann aufgesammelt?« fauchte Jeff Oakley.

»Well«, entgegnete der Schnösel eiskalt und begegnete kühn Polizeisergeant Oakleys Blick, »weil es auch an anderen Stellen, nicht nur bei Highfield View, Bauarbeiten auf dem Highway 407 gibt. Ich habe bereits sechs Mann hinten in meinem Wagen liegen, und mehr Platz ist da nicht.«

Rußland

Gut gemacht, Towaritsch!

Es war Kriegszeit in einem fernen, fremden Land. Oberst Ruskisnowskij saß im Regimentskontor hinter seinem Schreibtisch und summte eine Strophe des Pramdager Liedes und begleitete sich selbst auf der Balalaika. In bestimmten Abständen legte er das Instrument zur Seite, beugte sich ein wenig vor und schenkte aus einem Samowar eine klare Flüssigkeit in eine schalenförmige Tasse. Es konnte Tee sein, es konnte Wodka sein. Das Schnalzen, das der Oberst nach jedem Schluck von sich gab, ließ ahnen, um welches Getränk es sich handelte.

Von der Tür her erschallte plötzlich ein Ruf: »Sdrasvuitje, Kamerad Oberst!«

Oberst Ruskisnowskij fuhr mit einem Satz hoch, schlug die Hacken zusammen und stand ehrfürchtig stramm vor dem Eintretenden. Es war sein Vorgesetzter höchstpersönlich, der gefürchtete General Volganowitsch, ein großer, vierschrötiger Kerl mit einem echten, guten, alten Kosakenbart, der irgendwo unter den Augen anfängt. Seine Stimme war tief und dröhnte wie die eines Grobschmiedes.

»Hören Sie, Kamerad Oberst«, brüllte er mit eisenharter Stimme, »ich habe Ihre Mannschaft inspiziert, und ich muß sagen, es ist elend um die persönliche Hygiene bestellt. Laut Bestimmung muß jedem Mann

einmal im Sommer und einmal im Winter eine halbe Flasche flüssige Seife ausgeliefert werden. Ist die Verordnung nicht befolgt worden?«

Oberst Ruskisnowskij schlug die Absätze mit einer solchen Kraft aneinander, daß die Schuhnägel nach allen Seiten flogen. »Doch, Kamerad General! Die Seife wurde erst gestern an die ganze Mannschaft verteilt.«

»Warum, im Namen von Iwan dem Schrecklichen, hat dann nicht einer der verdreckten Kerle seinen Mist abgewaschen?«

Oberst Ruskisnowskij sah verlegen zur Seite. Nur unbehaglich begegnete er dem durchdringenden Blick des Generals.

»Die Leute gießen die Seife in einen Blechkrug und trinken sie wie Spargelsuppe. Hinterher machen sie sich einen Spaß daraus, eine Menge Wasser zu trinken, und dann drücken sie sich gegenseitig auf den Magen, um Blasen pusten zu können.«

Der General warf einen grimmigen Blick auf den Oberst und langte brummend nach dem Samowar. Er schenkte die schalenförmige Tasse bis an den Rand voll und leerte sie in einem Zug.

»Beim verdammten Bart des Zaren! Das nenne ich eine starke Tasse Tee, Oberst.«

Dann setzte er die Tasse ab, fischte ein Dokument aus der Brusttasche und hielt es dem Oberst vor die Nase.

»Die Bestimmungen sagen weiterhin, daß die gesamte Mannschaft einmal im Vierteljahr das Hemd wechseln soll. Wurde diese Verordnung befolgt?«

Der Oberst schüttelte bedauernd den Kopf: »Leider nicht, Kamerad General. Im Augenblick ist es schwer, mit der Versorgung nachzukommen.«

»Leutnant Iwanowskij hat eben zugegeben, daß seit

der Schlacht von Omski-Snomsk keiner der Leute sein Hemd gewechselt hat.«

Die Stimme des Generals war kalt wie Marmor in einer feuchten Grabkammer, als er sagte: »Hören Sie jetzt gut zu, Kamerad Oberst. Wenn Ihre Mannschaft vor Sonnenuntergang nicht das Hemd gewechselt hat, werden Sie bei Morgengrauen an die Wand gestellt und erschossen. Verstanden?«

Oberst Ruskisnowskij schlug seine Absätze mit einer solchen Kraft zusammen, daß Nieren und Milz in ihm rasselten. »Verstanden, Kamerad General!«

Der General drehte sich um und verließ das Regimentskontor mit einem fürchterlichen sibirischen Steppeneid. Schwer sank Oberst Ruskisnowskij auf seinen Stuhl zurück. Er war tief verzweifelt. Er hatte Frau und 17 Kinder daheim in Krimskinowgorod. Er liebte seine Familie über alles in der Welt, und nun sollte er sein Leben wegen einer dieser idiotischen Bestimmungen verlieren, einer Verordnung, die keine menschliche Instanz der Erde einhalten konnte. Er rang verzweifelt die Hände, ging rastlos in seinem Kontor auf und ab und ließ dann seinen Adjutanten Leutnant Iwanowskij rufen.

»Ich werde morgen früh bei Morgengrauen erschossen, wenn die Mannschaft nicht bis Sonnenuntergang das Hemd gewechselt hat«, sagte er finster.

»Au weh«, meinte Leutnant Iwanowskij, »das sieht schlecht aus. Wir haben kein einziges Hemd zum Wechseln, und wir brauchen zwölfhundert.«

Der Oberst sank auf seinen Stuhl zurück. Er begrub seinen Kopf tief in den Händen, und als Leutnant Iwanowskij ihm eine Tasse Wodka reichte, fegte er sie zur Seite. Das war noch nie passiert in den dreißig Jahren, seit er hier das Kommando hatte.

Als die Abenddämmerung sich herabsenkte und langsam durch die verschmutzten Fenster des Regimentskontors drang, hatte er immer noch keine Lösung gefunden. Er blickte auf seine Uhr. In weniger als einer halben Stunde mußte er den General erwarten. Eben hatte er seinen Kopf in die Mündung einer der riesigen 27-Zoll-Artillerie-Kanonen gesteckt, um seinem Leben ein Ende zu machen, als ihn plötzlich eine Idee durchzuckte, die genialste Idee, die jemals einem Garnisonskommandanten gekommen war. Wie der Blitz raste er hinunter in die Offiziersmesse und packte Leutnant Iwanowskij am Arm.

»Ich hab's, Towaritsch«, rief er begeistert, »bei allen kleinen schieläugigen mongolischen Teufeln, ich hab's! Ich weiß haargenau, wie wir die Situation retten können.«

Und dann gab Oberst Ruskisnowskij den Befehl, daß alle Soldaten ihre Hemden miteinander tauschen sollten.

Lateinamerika

Der Polizeikommissar greift ein

Schon wieder hatte es in der kleinen unruhigen südamerikanischen Republik Equoraguay eine Revolution gegeben. Als der Knall des letzten Schusses dahingestorben war und Ruhe und Ordnung wieder ins Land einkehrten, erhielten alle Gesandten im Land eine Einladung zu einem großen Festbankett im Regierungspalast, wo der neue Präsident, General José Gonzalo y Quintanilla, seine Regierung vorstellen wollte. Auch William Henderson, der englische Chargé d'Affaires, der gerade diesen abgelegenen diplomatischen Posten angetreten hatte – und dem jegliche Erfahrung mit südamerikanischer Etikette fehlte –, bereitete sich auf das feierliche Ereignis vor.

»Lassen Sie das lieber zu Hause, Sir«, bemerkte Hendersons Haushofmeister Albert, der jahrelang in der Gesandtschaft Dienst getan hatte, als er sah, wie Mr. Henderson ein kostbares goldenes Zigarettenetui in die Westentasche steckte.

»Warum denn, Albert?«

»Well, Sir . . . weil Sie es beim Bankett verlieren könnten. Diese kleinen schmutzigen Banditen . . . entschuldigen Sie den Ausdruck, Sir . . . aber diesen südamerikanischen Herren kann man alles zutrauen.«

Mr. Henderson warf seinem Haushofmeister einen

zurechtweisenden Blick zu. »By Jove«, murmelte er entsetzt, »schmutzige Banditen! Was für Ausdrücke gebrauchen Sie denn da, Albert, für die rechtmäßige Regierung des Landes!«

»Sorry, Sir«, verbeugte ich Albert steif, »das war nur als freundschaftliche Warnung gemeint.«

Mr. Henderson überhörte die Bemerkung. Er ließ seinen Wagen vorfahren, und zwei Stunden später, als das Festessen glücklich überstanden war und man sich plaudernd in den Salons verteilt hatte, wurde er schnell der Mittelpunkt einer Gruppe dunkelhäutiger, Schnurrbart-geschmückter Regierungsmitglieder und deren ebenso dunkelhäutiger Damen. Er unterhielt die Gesellschaft mit seinen spannenden Erlebnissen als Offizier vom Nachrichtendienst im Fernen Osten während des Krieges.

»Dank meiner Informationen habe ich wirklich einige Male unser good old England gerettet, und zum Dank für meinen Einsatz schenkte mir der Premier-Minister später dies kostbare goldene Zigarettenetui, mit einer Zueignung und seiner Signatur.«

Mr. Henderson ließ die Damen das Etui bewundern, und einen Augenblick später wanderte es vom Equoraguayischen Innenminister zum Verteidigungsminister und Außenminister von Hand zu Hand, bis Mr. Henderson das Etui aus den Augen verlor. Er rechnete jedoch felsenfest damit, daß das Etui zu irgendeinem späteren Zeitpunkt im Verlaufe des Festes zu ihm zurückgelangen würde, wenn alle die Inskription des englischen Premiers auf dem Deckel des Etuis bewundert hätten.

Aber der Abend verstrich, ohne daß das kostbare Etui wieder auftauchte. Henderson fühlte, wie ihm langsam die Ohren heiß wurden. Vielleicht hätte er doch auf den Rat seines Haushofmeisters hören sollen? Lange überlegte er krampfhaft, wie er am takt-

vollsten die Gesellschaft auf sein Pech aufmerksam machen könnte. Als man das letzte Vivat auf den Diktatorgeneral ausgebracht hatte und die Gesellschaft aufzubrechen begann, sah er keinen anderen Ausweg, als den Polizeikommissar, Alfonso Gualberto Peréz, zur Seite zu ziehen und ihm von seinem Mißgeschick zu berichten.

»Das Etui hat einen ganz besonderen persönlichen Wert für mich, daher möchte ich es unbedingt zurückerhalten, natürlich ist mir klar, daß es jemand irrtümlich in seine Tasche gesteckt hat.«

»Si, si, Signor embajador, das erledige ich schon. Con mucho questo«, verbeugte sich der Kommissar lächelnd, worauf er sich unter die Minister mischte, die sich um den Diktatorgeneral versammelt hatten.

Fünf Minuten später stand der Kommissar wieder vor Henderson. Sein Zahnpastalächeln in dem dunklen Gesicht war, wenn überhaupt möglich, noch heller als sonst, als er dem englischen Diplomaten diskret das goldene Zigarettenetui in die Hand steckte.

»Tausend Dank«, sagte Henderson erleichtert, »sehr liebenswürdig von Ihnen. Darf ich fragen, wo Sie es fanden?«

»In General José y Quintanellas Westentasche, Signor embajador. Lo siento mucho.«

Henderson steckte sein Etui erleichtert in die Tasche.

»Und was sagte der General, als Sie ihn darum baten?«

Der Polizeikommissar wich dem Blick des Diplomaten aus und verbarg freundlich lächelnd seine geschmeidigen Hände auf dem Rücken. Dann beugte er sich ein wenig vor und sagte mit gedämpfter Stimme: »Ich bin nicht sicher, Signor embajador, ob Seine Exzellenz es bemerkte, daß ich das Etui aus seiner Tasche nahm.«

Kanada
Auf einen Schlag

Tief in den großen kanadischen Wäldern wohnten die Holzfäller in einer einsamen Hütte. Ein neuer Mann war zu ihnen gestoßen, von dem keiner wußte, woher er kam und wie er hieß. Er war still und verschlossen und blieb ihnen ein Rätsel. Man hielt ihn für einen Engländer, und im übrigen nahm er einen kräftigen Schluck aus der Whiskykanne, spuckte in die Fäuste und fällte die Bäume, die zu fällen waren, und ließ die anderen stehen.

»Hier!« rief der Vorarbeiter O'Neill und warf dem neuen Mann eine große, schwere Fällaxt zu, »los, ran an die Arbeit, Mike!«

Man hatte ihn Mike getauft, also hieß er Mike. Es war völlig Wurscht, wie die Männer hier oben im Norden hießen.

Mike spuckte in die Fäuste, hob die schwere Fällaxt, spreizte die Beine in den kurzen, derben Stiefeln, peilte den dicken Baumstamm an, hob die Fällaxt noch höher und ließ sie mit einem Getöse fallen, daß es durch die großen Wälder nördlich von Saskatchewan River widerhallte.

»Timber!« schrie er und sprang zur Seite. Der riesige Baumstamm fiel krachend zu Boden.

Der Vorarbeiter zuckte zusammen. Die Whiskykanne glitt aus seinen Händen, und mit offenem

Mund starrte er auf die Stelle, wo Mike breitbeinig im Unterholz stand. Die anderen Holzfäller näherten sich zögernd.

»Du hast ihn auf einen Schlag umgehauen?« murmelte O'Neill mit einem verwirrten Blick auf den Baumstumpf.

Mike nickte stumm.

»Du hast ihn vorher nicht ein paarmal angeschlagen?« fragte einer, den sie Scotty nannten.

Mike schüttelte den Kopf.

»Aber du hast ihm einige Keile mit dem Spalthammer versetzt?« meinte einer, den sie Dutch nannten.

Mike schüttelte den Kopf, er besaß überhaupt keinen Spalthammer.

»Alle Wetter! Bei allen verdammten kleinen Waldteufeln«, murmelte O'Neill beeindruckt, »kannst du das noch mal machen?«

Mike nickte gelangweilt und stopfte sein großkariertes Hemd tiefer in die Hose. Dann zeigte O'Neill auf einen Baumstamm, der dicker als er selbst war.

»Den da«, sagte er.

Mike spreizte die Beine in seinen dicken Stiefeln, spuckte in die Fäuste, peilte den Stamm an und schlug zu. »Timber!« schrie er und sprang zur Seite. Krachend stürzte der Baum zu Boden, daß es bis auf die andere Seite von Saskatchewan Ridge widerhallte.

Verblüfft ließen die Holzfäller ihre Blicke von dem gestürzten Koloß auf den breitbeinigen Mike gleiten, und wieder von dem breitbeinigen Mike auf den gefällten Riesenstamm.

»Bei allen kanadischen Waldteufeln!« fluchte O'Neill erschüttert.

»Ohne Sägeschnitt!« sagte Scotty.

»Ohne Fällkerbe!« sagte Dutch.

»Ohne Kreissäge!« sagte Muff.

»Auf einen Schlag!« sagte O'Neill.

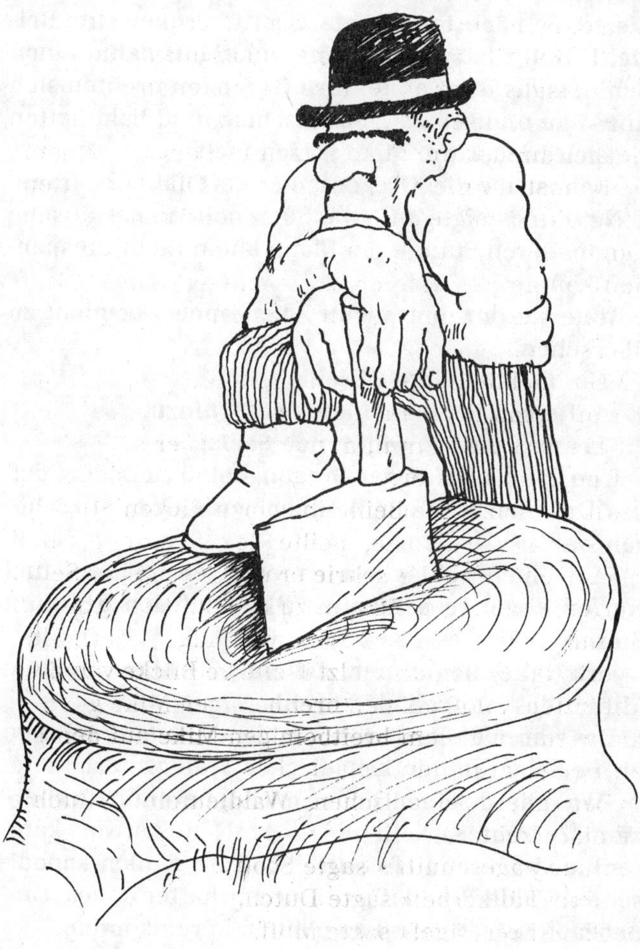

Mike sagte gar nichts. Er zupfte bloß sein großkariertes Hemd wieder zurecht und nahm einen enormen Schluck aus der Kanne mit der edlen Flüssigkeit.

Dann gingen die Männer wieder an ihre Arbeit. O'Neill packte seinen Numerierschlägel und markierte die nächsten Bäume. Scotty zerquetschte Reisig, Dutch ritzte die Stämme, und Muff nahm einen Schluck aus der Kanne. Ihre Gedanken drehten sich um Mike und seinen Donnerschlag, und bald hatten sie sich wieder um Mike versammelt.

»Kannst du die Oregontanne dort fällen?« fragte O'Neill und zeigte auf eine 80 m hohe majestätische Tanne, deren Stamm ein Mann allein nicht umspannen konnte.

Mike sah hin und nickte, die Tanne war nicht zu übersehen.

»Umhauen«, sagte O'Neill.

»Auf einen Schlag«, fügte Scotty hinzu.

»Ja«, sagte Duff, »auf einen Schlag.«

Und dann krachte der Oregon-Koloß zu Boden, daß das Dröhnen bis über Winniepegosis Canyon zu hören war.

»Auf einen Schlag!« murmelten die Männer und warfen einen respektvollen Blick auf den gefällten Riesen.

»Ich fälle die immer auf einen Schlag«, meinte Mike, »das ist doch mein Fach . . .«

Das waren die ersten Worte, die er sprach, seitdem er hier oben in den kanadischen Wäldern arbeitete.

»Was hast du eigentlich gemacht, bevor du hierherkamst?« fragte O'Neill plötzlich. Als die Antwort kam, senkte sich eine tiefe Stille über die großen kanadischen Wälder, so daß man den Schatten eines Tannenzapfens hätte zu Boden fallen hören können.

»Scharfrichter«, sagte Mike.

Italien

No e poi no, Signore!

Es war im Vatikan, an einem Tag, der wie jeder andere Tag begann, der aber bald einen außergewöhnlichen Verlauf nehmen sollte. Der amerikanische Werbefachmann, *promotion manager* Bill Naggels, schritt selbstbewußt die prächtige Treppe hinauf, die zum Staatssekretariat und zum Domizil des Papstes führte. Wie es ihm gelungen war, an der Schweizer Garde vorbeizukommen, der Adels- und Palatinergarde, blieb ein Rätsel, aber für einen Amerikaner ist bekanntlich nichts unmöglich. Durch einen langen, säulenverzierten Gang gelangte er bis zum Vorgemach, wo einer der Kardinäle des Papstes über lateinische Schriften gebeugt stand. Bill Naggels tippte ihm auf die Schulter.

»Hey you! Ist der Papst zu Hause?« fragte er frisch und ungezwungen.

Der Kardinal schnellte herum und guckte den Amerikaner verblüfft an.

»Il papa? Non ancora, Signore. Qual'è il suo cognome?«

Bill Naggels fischte eine Visitenkarte aus seiner Westentasche und hielt sie dem Kardinal vor die Augen. Verwirrt sah der die Karte an und brabbelte eine Menge, wovon der Amerikaner kein einziges Wort verstand. »La prego d'aspettare due minuti.«

Der Kardinal entfernte sich mit eiligen, nervösen Schritten. Bill Naggels wartete ein paar Minuten. Nichts geschah. Dann verlor er die Geduld und steuerte direkt auf die hohe messingbeschlagene Tür zu, die zum Arbeitszimmer des Papstes führte. Er öffnete sie resolut und erblickte im selben Augenblick den Kardinal, der, gefolgt von einer Schar anderer verwirrter Kardinäle, auf die Tür zukam. Sie fuchtelten erregt mit den Armen durch die Luft und riefen eine Menge durcheinander. Bill Naggels verstand wieder kein Wort. Schnell schlüpfte er durch die hohe messingbeschlagene Tür und schloß sie sorgfältig hinter sich zu.

Vergeblich versuchten die Kardinäle, die Tür von außen zu öffnen. Wie entsetzlich! Ohne weiteres zu Seiner Heiligkeit einzudringen! Das hatte noch nie zuvor jemand gewagt.

Bonifacius, der Kardinal, dem Bill Naggels die Visitenkarte überreicht hatte, studierte diese genau, drehte und wendete sie in seinen Händen und kam mit den anderen Kardinälen überein, daß es sich um einen Amerikaner handeln müßte, einen dieser abscheulichen Leute, die nichts von Ehrfurcht, Takt und der einfachsten menschlichen Bildung und Höflichkeit verstanden. Aber was wollte dieser Eindringling von Seiner Heiligkeit? Bonifacius kniete nieder und guckte durchs Schlüsselloch. Neben dem Schreibtisch des Papstes stand der freche Amerikaner mit einem Kugelschreiber in der Hand und versuchte, offenbar vergeblich, den Papst zu irgendeiner Unterschrift zu bewegen. Bonifacius nahm das Auge vom Schlüsselloch und legte sein Ohr daran. Deutlich konnte er die abweisende Stimme des Papstes hören: »No, no! Signore. Davon kann gar keine Rede sein. No e poi no.«

Die Stimme des Papstes steigerte sich zum Furioso,

während der Wortschwall des Amerikaners ihn überflutete.

Bonifacius rang verzweifelt die Hände, alle Kardinäle rangen verzweifelt die Hände. Was sonst konnte man tun? Plötzlich wurde es drinnen sehr laut. Wieder hielt Bonifacius sein Auge ans Schlüsselloch. Der verrückte Amerikaner hetzte den Papst um den Schreibtisch herum, wobei er ein Dokument vor seiner Nase herumflattern ließ.

»No e poi no, Signore!« rief der Papst verzweifelt dem Manager zu, »darauf lasse ich mich nicht ein! Niemals. Lasciami tranquillo.«

Die wilde Jagd um den Tisch herum ging weiter. Kostbare Porzellanfiguren krachten zu Boden und zerbrachen in tausend Stücke. Der Papst schrie nach seinem Leibwächter. Aber der Amerikaner drängte ihn in eine Ecke und gebot ihm, Ruhe zu bewahren, er solle sich ja beherrschen: »Take it easy, man! Und unterschreiben Sie jetzt, sofort!«

Aber der Papst konnte sich wieder losreißen, und weiter ging die wilde Jagd durch das päpstliche Gemach. Jedesmal, wenn der Amerikaner wieder eine Kostbarkeit zu Boden riß, schloß der Kardinal entsetzt seine Augen. Es war der schrecklichste Tag, den man je im Vatikan erlebt hatte.

Man rang verzweifelt die Hände, man wandte den Blick gen Himmel und murmelte hastige lateinische Gebete. Was konnte man anderes tun? Der Kerl hatte ja die Tür von innen verschlossen. Plötzlich wurde es drinnen ganz still. Bonifacius wollte noch mal sein Auge ans Schlüsselloch legen, um die Lage zu peilen – als die Tür aufflog, und Bill Naggels kam herausgestürzt.

»Dieser störrische Esel. Devil of a guy«, zischte er und warf dem Papst einen vernichtenden Blick zu, der völlig erschöpft und zusammengesunken auf seinem Stuhl saß. Mit einem resignierten Kopfschütteln verließ Bill Naggels das Vorzimmer. Einige Kardinäle wollten ihm nachsetzen, aber sie gaben es bald auf. Viel wichtiger war es, herauszubekommen, was eigentlich vorgefallen war.

Bonifacius holte in aller Eile eine Schüssel mit kaltem Wasser und kühlte vorsichtig die heiße Stirn des Papstes. Kurze Zeit später hatte der sich so weit gefangen, daß er berichten konnte.

»Was für ein schrecklicher Mensch! Santa Madonna! Er bot mir zehn Millionen Dollar für meine Unterschrift, daß man ab jetzt in allen katholischen Kirchen der Welt beim Gottesdienst statt AMEN immer ESSO sagt.«

Amerika
Die Söhne der Wildnis

Dick Haywood schrieb Filmmanuskripte in Hollywood. Das klingt phantastisch, aber in Wirklichkeit war es ein aufreibender und undankbarer Job, und gar nicht so elegant, wie es vielleicht erscheinen mag.

Zu Beginn unserer kleinen Geschichte war er gerade so weit, daß er den Schlußpunkt unter ein Manuskript zu einem Kriminalfilm setzte, einem Thriller, den er *Das Phantom im Haus der Schatten* nannte. Er legte sein Werk dem Filmzar Sam Goldwasser vor, der es überflog, dann resigniert den Kopf schüttelte und es Dick zuwarf.

»Nein, bitte keine Thriller mehr. Der Markt ist gesättigt. *Die Blondine mit den Hackzähnen* lief drei Tage lang vor leeren Häusern, dann mußten wir den Streifen absetzen und die Plakate abreißen, weil nicht mal die Filmvorführer noch Lust hatten, sich diesen Quatsch anzugucken. Kannst du hingegen einen tollen knallharten Agentenfilm schreiben, dann hast du meinen Segen. Agentenfilme sind heute gefragt, aber denk daran, alles muß drin sein, vom ersten Bild an, schicke Mädchen in Minikleidern, französische Betten, und ja nicht an Schurken in der Gegenspionage sparen, dann haben wir am Schluß schön was zum Abknallen.«

Dick ging nach Hause und schrieb den tollsten Agentenreißer des Jahrhunderts. Das fand er selbst jedenfalls. Sam Goldwasser war anderer Meinung.

»Das Drehbuch«, sagte er und schob die Papiere zur Seite, »ist schon hundertmal geschrieben worden. Außerdem sind Agentenfilme aus der Mode gekommen, seitdem du hier warst. Aber wenn du ein temperamentvolles, hinreißendes, supermodernes Musical schreiben kannst, mit Tanz und Gesang, Humor und Sex, Jubel, Trubel, Heiterkeit, dann würde ich mir das gern mal angucken.«

Dick kehrte also nach Hause zurück und schrieb ein Musical. Nachdem er ein halbes Jahr Tag und Nacht daran gearbeitet hatte, konnte er Sam Goldwasser endlich das Drehbuch zu seinem Musical *My Fair Pussycat* vorlegen.

Sam Goldwasser blätterte es durch, wobei er auf seinem Zigarettenstummel kaute und einen Eiermilchshake nach dem anderen in sich hineingoß, um sein Magengeschwür einigermaßen zu beruhigen.

»In diese Lappen hier«, sagte er und schob das Manuskript zur Seite, »wage ich keine 17 Millionen zu investieren, Dick. Das kannst du nicht von mir verlangen. Du weißt selbst, wie es momentan mit Musicals aussieht. Foxorama und Parametro überschwemmen das Publikum geradezu mit Musicals, und jetzt scheinen die Leute von dem Sirupkleister endgültig die Nase voll zu haben. Heute werden ganz andere, krasse Geschichten verlangt. Versuch doch mal, einen richtig guten traditionellen Kriegsfilm zu schreiben. Kriegsfilme sind heute wieder *in.* Wenn du einen wirklich guten bringst, dann schnapp ich ihn mir.«

Dick machte sich an die Arbeit und schrieb einen wirklich guten Kriegsfilm. Er schuftete ein halbes Jahr ohne Pause, bis er sein Drehbuch fertig hatte. Er nannte es *Flammen über River Kwai* und glaubte selbst voll und ganz daran.

»Hier fehlt etwas«, sagte Sam Goldwasser, als er das Manuskript überflogen hatte, »und ich kann dir auch sagen, was. Love! Es gibt keine einzige richtige Liebesszene in dem Film. Wie, zum Teufel, willst du damit die Damen ins Kino locken? Und kriegen wir die Damen nicht mit, dann ist das ein totgeborenes Ei, das kann ich dir versprechen. Nee, mach doch mal eine Love Story im Stil von *Die Frau von Miami Beach*, wo die Liebenden sich zum Schluß am Strand kriegen, während in der Ferne der Donner grollt . . . sie keuchen und rollen kurzatmig am Strand herum, du weißt schon, während die Wellen . . . na, wir verstehen ja, wie das laufen muß, nicht, Dick? Wenn du das hinkriegst, ist uns der Kassenerfolg sicher. Dann habe ich keine Angst, 20 Millionen zu investieren . . . in Super-Rama-Cine-O-Scope.«

Dick ging nach Hause und machte sich an seinen Liebesfilm. Die Heldin keuchte sozusagen während des ganzen Films, und der Held beugte ihren Nacken in den Sand, direkt vor der tosenden Brandung, genauso, wie Sam es ihm geraten hatte.

Sam Goldwasser las das Manuskript sorgfältig durch. »Einiges davon ist nicht schlecht«, sagte er, »so etwas in der Art hatte ich mir vorgestellt. Aber kannst du mir vielleicht sagen, wie wir für so eine große Produktion in der unmittelbar überschaubaren nächsten Zukunft in unseren Ateliers Platz kriegen sollen? Wie du weißt, haben wir soeben mit den Dreharbeiten zu dem Mammutpolarfilm *Die Söhne der Wildnis* begonnen, und die werden sicher die nächsten zwei Jahre in Anspruch nehmen. Nee, ich fürchte, Dick, wir müssen das hier fallenlassen. Es tut mir verdammt leid, wirklich, aber . . .«

Dick blickte den Filmzaren verzweifelt an.

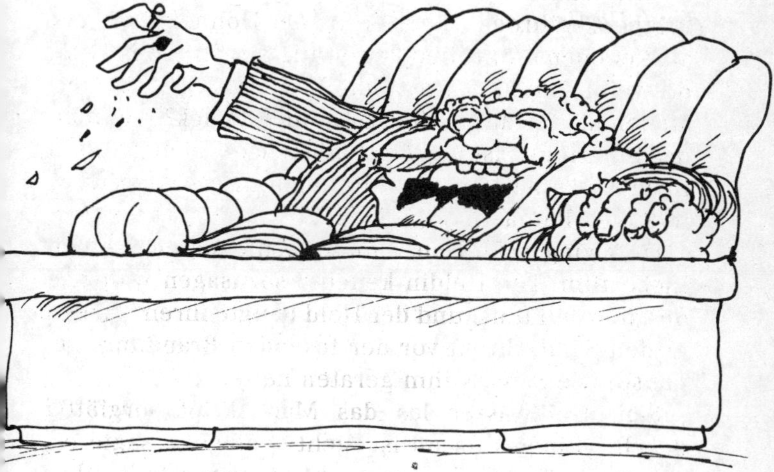

»Aber, Sam, gibt es denn gar nichts in all meinen Manuskripten, das du verwerten kannst?«

Sam Goldwasser hob sein Glas Eiermilchshake und tat einen kräftigen Zug an seiner Havanna. Er dachte nach, daß man seine Gehirnschalen krachen hören konnte. »Ich hab's, Dick«, rief er dann und schnalzte mit der Zunge, »es wäre ja ein Verbrechen an einem so jungen talentierten Schriftsteller, all das Papier wegzuwerfen. Weißt du, was wir tun? Wir schneiden all deine Manuskripte in winzige Stücke und verwenden die Schnipsel für das Schneewetter in *Die Söhne der Wildnis.*«

Spanien

Kontaktreise zur Insel der Liebe

Susi Holm reiste zum ersten Mal nach Mallorca. Sie genoß den wundervollen Sandstrand der Balearen in vollen Zügen, das milde, angenehme Klima, den ewig wolkenlosen blauen Himmel, die pinienbestandenen, rotbraunen Felsenküsten, die Zypressen, die Rosenhaine, die schmalen, weißgekalkten Gassen in den malerischen Dörfern und das muntere Leben, das ausbrach, wenn sich die laue Nacht des Mittelmeeres über die Insel der Liebe und der Gastfreiheit senkte. *Die Insel der Liebe* nennt man Mallorca, und eben dieser betörende Name war es, in den Fräulein Holm all ihr Vertrauen setzte. Sie war nicht mehr ganz jung, seien wir diplomatisch und schätzen ihr Alter auf Ende Dreißig. Und wenn man auf die Vierzig zugeht, dann hängen die Männer nicht mehr zum Pflücken an den Bäumen, nicht einmal mehr an den Apfelsinenbäumen von Mallorca.

Und doch ... als man eines Tages einen Ausflug zur Apfelsinenplantage unternahm, setzte sich im Bus der reizende Herr neben sie, der ihr bereits im Flugzeug aufgefallen war. Sie begannen ein Gespräch, er stellte sich als Steffen Berg vor und erklärte, daß er ebenfalls zum ersten Mal auf Mallorca sei. Also fanden sie bereits beim ersten Gespräch etwas Gemeinsames ... und im Laufe des Tages erwies es sich schnell, daß ihre Interessen, Träume und Wünsche in dieselbe Richtung liefen. Susi Holm wünschte sich die große Liebe, einen Mann, den sie von Herzen lieben konnte. Und auch Steffen wünschte sich ein wenig Liebe.

Abends fand in dem kleinen Restaurant hoch oben auf dem Berg ein Barbecue statt. Das Reisebüro schenkte gratis Champagner für die ganze Gesellschaft aus, und die Stimmung hob sich, während die am Spieß gebratenen Spanferkel verschwanden und die Flaschen sich leerten. Susi Holm und Steffen Berg tranken Brüderschaft, und in einem passenden Augenblick zog er sie von der Tanzfläche in eine dunkle Ecke. Bevor Susi wußte, wie ihr geschah, lag sie in Steffens Armen. Ja, das war wirklich ein schönes Fest! Sie hatte schon viel über diese Arrangements der Mallorcareisen gehört, und um ganz ehrlich zu sein, hatte sie gerade von diesem Teil des Reiseprogramms besonders viel erwartet.

Am nächsten Tag folgte der ernstere Teil des Festes. Jetzt galt es herauszufinden, wie ernste Absichten Steffen eigentlich hatte und ob sie sich auf ihn verlassen konnte. Denn daß er nicht im Sinn hatte, es bei den Küssen während des Festes zu belassen, wurde ihr bald klar, aber bevor Susi ihn weiter gewähren ließ, wollte sie mehr über ihn wissen.

»Steffen«, sagte sie eindringlich, als sie abends gemütlich bei einem Drink in einer stillen Ecke der Hotelbar saßen, »sag mir ehrlich: Bist du verheiratet?«

Steffen begegnete ohne Zögern ihrem Blick.

»Nein«, erwiderte er, nicht mehr und nicht weniger.

An diesem Abend kam er einen großen Schritt weiter. Und Susi begann zu schwanken – ohne jedoch zu fallen. Zu ihrer Ehre sei gesagt, daß sie keins der

Mädchen war, das sich dem ersten besten Mann hingab. Erst mußte sie mehr über Steffen wissen.

Am folgenden Tag hatten sie auf einem Ausflug zu dem kleinen idyllischen Fischerdorf Puerto de Alcudia im Norden der Insel Gelegenheit, in einem Restaurant einige Stunden allein zu sein. Jetzt wollte sie ihn ausfragen, sie mußte alles über ihn erfahren.

»Steffen«, begann sie ernst und sah ihm tief in die Augen, »obwohl ich dir auf dem Fest erlaubte, mich zu küssen, und auch gestern abend auf der Terrasse des Hotels, so darfst du nicht glauben, daß ich ein Mädchen wäre, das sich von jedem Mann küssen läßt.«

»Das hätte ich auch nicht von dir gedacht«, antwortete Steffen ganz ernst.

»Steffen«, fuhr Susi fort und sah ihn eindringlich an, »meinst du es wirklich ernst?«

»Selbstverständlich«, flüsterte er und drückte heftig ihre Hand, »selbstverständlich meine ich es ehrlich. Ich habe dich schon im Flugzeug bemerkt.«

Das klang gut, aber Susi hatte noch viele Fragen.

»Hast du viele Frauen in deinem Leben gehabt?«

Steffen schüttelte heftig den Kopf. »Nein, du bist die erste.«

Sie weigerte sich, ihm zu glauben.

»Doch, ich war immer sehr zurückhaltend, zu gehemmt, um den ersten Schritt zu tun. Du bist die erste Frau, die ich so geküßt habe wie neulich auf dem Barbecue.«

Susi wurde es ganz schwindelig vor Glück. Nie hatte sie so schöne Worte gehört.

»Das kann von all dem Champagner kommen«, meinte sie, »du hast an dem Abend ziemlich viel getrunken, nicht? Sag mir ehrlich, Steffen, trinkst du . . .«

Steffen unterbrach sie: »Normalerweise trinke ich

nicht, ich rauche nicht, gehe nicht in die Kneipe oder zur Rennbahn, spiele nicht oder mache andere Scherze, und ich gehe nicht mit fremden Frauen aus.«

»Ja, aber hast du denn gar keinen Fehler?« lächelte Fräulein Susi wie berauscht vor Seligkeit über all diese schönen Worte.

»Doch, kein Mensch ist ohne Fehler, und auch ich habe einen kleinen Fehler, aber du wirst mir zugestehen müssen, daß ich diesen einen kleinen Fehler für mich behalte, bis du ihn eines Tages selbst entdeckst. Kurz gesagt: Wollen wir uns verloben, sobald wir nach Hause kommen?«

Sehen Sie, das war ein richtiger Heiratsantrag, und offensichtlich trägt Mallorca zu Recht den Namen *Die Insel der Liebe.*

Das Ende der Ferien nahte, und man mußte in die kühleren Gefilde des Nordens zurückkehren. Susi und Steffen hatten zwei Plätze nebeneinander im Flugzeug gebucht, und als sich das Flugzeug in die Luft hob und der Platz neben ihr immer noch leer war, ging der armen Susi langsam, aber sicher auf, worin Steffens einziger kleiner Fehler bestand:

Er log.

Alaska
Der Abenteurer von Alaska

Patrick O'Brien war auf der ganzen Welt herumgekommen und hatte allerlei mitgemacht. Jedenfalls reichte es dafür, daß er im hohen Alter als Mitglied des Explorerclubs in London, des Clubs der Abenteurer, anerkannt wurde. Was ihn dazu berechtigte, wußte eigentlich keines der anderen Mitglieder, denn als typischer Ire war Patrick O'Brien ein Mann weniger Worte.

Am ersten Abend im Club saß er versunken in einem der tiefen Büffelledersessel und schmauchte an seiner Shagpfeife mit dem erlesenen Whisky-durchtränkten Tabak. Er begnügte sich damit, den spannenden Berichten aus aller Welt zu folgen, die die anderen Mitglieder von sich gaben. Und man verschoß das beste Pulver, in der Hoffnung, das neue Mitglied zu animieren, seine besten Abenteurergeschichten preiszugeben.

»Tja«, bemerkte der alte Major Willoughly-Bagshot und nahm einen großen Schluck aus seinem Whiskyglas, »wo wir gerade von Löwenjagd sprechen, so werde ich nie den Tag vergessen, als ich auf einer Safari weit draußen im Tanganjika-Territorium, genauer gesagt, zwischen den Mwanza Falls und dem Kilimandscharo, an diesem einzigen, glücklichen Tag 99 Löwen erlegte. Ein unvergeßlicher Anblick, die großen mächtigen Tiere dort Seite an Seite auf der Savanne liegen zu sehen, und ich zählte bis 99.«

»Sagen Sie uns, lieber Major«, unterbrach ihn Lord Drummond, der in seinen jungen Jahren ein ungewöhnlicher Draufgänger und Globetrotter gewesen war und jetzt zu den hervorragenden Mitgliedern der Königlich-Geographischen Gesellschaft zählte, »warum runden Sie nicht die Zahl nach oben auf 100 ab?«

Major Willoughly-Bagshot warf dem Lord einen vorwurfsvollen Blick zu: »Glauben Sie, ich mache mich wegen eines einzigen, lächerlichen Löwen zum Lügner?«

Ein anerkennendes Nicken des pfeifeschmauchenden Patrick O'Brien unterstützte den Major.

»Zum Thema Jagd«, ergriff ein anderes, ehrenwertes Mitglied das Wort, nämlich der berühmte Großwildjäger Stanley Hughes, »kann ich berichten, daß der australische vierflügelige Bumerang-Wüstenpelikan der dümmste Vogel ist, den ich je erlebt habe. Er fliegt so hoch, daß man ihn mit einem normalen Winchestergewehr nicht treffen kann. Ich habe ihn einmal in Queensland, irgendwo bei Dividing Range, gejagt. Ich hatte ein paar große leere Papiertüten mitgenommen, und jedesmal wenn ich eine aufpustete und sie gegen einen Baum knallte, stürzte bei dem Lärm ein Bumerang-Pelikan zu Boden. In ihrer unbeschreiblichen Dummheit glaubten sie durch den Knall getroffen worden zu sein, und der Sturz auf die Erde tötete sie.«

Der Großwildjäger Stanley Hughes schielte verstohlen zu Patrick O'Brien hinüber, um zu sehen, welche Wirkung seine Worte taten. Aber Patrick verzog keine Miene, sondern nickte bloß zustimmend, als verstünde er selbst eine Menge von der Jagd auf die australischen vierflügeligen Bumerang-Pelikane.

Lord Drummond nahm einen kräftigen Schluck von seinem Whisky, räusperte sich, strich mit dem Handrücken seinen Bart zur Seite und ergriff das Wort:

»Ich erinnere mich an eine Expedition im Jahre 1928, nein, es war 1929, um ganz genau zu sein, in Zentralasien. Der Leiter der Expedition, der kürzlich verstorbene Professor Epstein, und ich hatten uns irgendwo in der glühenden Hölle der Wüste Gobi verirrt, über tausend Kilometer vom nächsten lebenden Wesen entfernt. Wasser hatten wir keinen Tropfen mehr, und der letzte Whisky war längst ausgetrunken. Wir mußten uns abwechselnd mit einer Feder unter den Fußsohlen kitzeln, damit die Tränen flossen. Die Tränen sammelten wir dann in einer Ziegenledertüte, und auf diese Weise bekämpften wir den schlimmsten Durst. Jeden Tag suchten wir mit einem Fernglas von der Höhe eines Sandhügels den Horizont ab, aber nach drei Wochen befanden wir uns offensichtlich immer noch mehrere tausend Kilometer vom nächsten lebenden Wesen entfernt. Wir hatten schon die Hoffnung aufgegeben, jemals gefunden zu werden, als ich eine glänzende Idee hatte. Ich fischte ein Kartenspiel aus der Tasche, mischte und verteilte die Karten. ›Grandissimo‹, meldete ich, als ich meine Karten angeguckt hatte. Kaum hatte ich das gesagt, als die Mitglieder etlicher zentralasiatischer Expeditionen hinter mir auftauchten und in meine Karten guckten. ›Bist du von Sinnen, Mann‹, riefen sie wie aus einem Munde, ›du kannst doch keinen Grand anmelden ohne ein einziges As.‹ Selbstverständlich, wenn man die Aufmerksamkeit anderer Leute auf sich ziehen will, braucht man bloß beim Kartenspiel einen ganz idiotischen Grand anzumelden.«

Der Lord schwieg. Er langte nach der Whiskyfla-

sche und schielte zu Patrick O'Brien hinüber, der gerade seine Pfeife stopfte und offenbar nichts gegen die Geschichte einzuwenden hatte. Wieder ergriff der alte Major Willoughly-Bagshot das Wort.

»Wo wir gerade von fast hoffnungslosen Situationen sprechen, so habe ich einmal ein Abenteuer im Stillen Ozean fast mit dem Leben bezahlt . . . Es begann oben in Alaska, in den riesigen Holzfällergebieten zwischen Klondike und den Mackenzie Mountains, zur Zeit der Flößersaison. Ich war den Carcross River hinausgeschwommen, als mich ungefähr auf der Höhe von Skagway der Strom mitriß. Wie Sie sicher alle wissen, sind die kanadischen Holzfäller Meister im Balancieren auf einem Baumstamm, indem sie ihn mit Hilfe einer äußerst präzisen Beinarbeit im Wasser herumrollen lassen. Und gerade in dem Augenblick sah ich vor mir so einen Holzfäller, der auf einem schnell rotierenden Baumstamm herumsprang. Ich versuchte, den Mann einzuholen, damit er mich auf den Baumstamm retten könnte, aber vergebens. Der Strom riß uns beide den Fluß hinunter und hinaus auf den Stillen Ozean. Der Holzfäller arbeitete weiterhin fleißig mit seinen Beinen, während der Baumstamm herumrollte und auf den Pazifik hinaustrieb.

Ich schwamm aus Leibeskräften, aber nach drei Wochen verzweifelten Kämpfens hatte ich ihn immer noch nicht eingeholt. Wir passieren Hawaii und Neu-Caledonien, und nach einem Monat ununterbrochenen Schwimmens begannen meine Kräfte nachzulassen. Jeden Augenblick mußte ich anhalten und Wasser treten, weil ich einen Krampf im Bein hatte. Ich verfluchte den Holzfäller auf dem rotierenden Baumstamm. Er arbeitete immer schneller mit seinen Beinen und war unmöglich einzuholen. Meiner Meinung nach war das eine Unverschämtheit sondergleichen, daß er nicht anhielt und mich mitnahm. Der Kerl hätte doch zumindest ...«

Da unterbrach ihn Patrick O'Brien, sprang vom Sessel hoch und ergriff bewegt Major Willoughly-Bagshots Hand: »Ich tat es nicht aus böser Absicht, Major, aber drüben in Neuseeland lag mein guter alter Freund im Sterben, und es war keine Zeit zu verlieren.«

Rußland
Der alte Vladimir

Die Russen werden bekanntlich sehr alt, natürlich nicht alle Russen, aber viele. Die Leute in Turkmenistan, Usbekistan, Kasachstan werden sogar noch älter. Es soll dort Leute gegeben haben, die bis zu hundertfünfzig Jahre alt geworden sind, ja, man kennt sogar einen Fall aus Aserbeidschan, wo ein Steinscherer, Ilja Masserossow, das stattliche Alter von 152 Jahren erreichte. Und bis zum letzten Tage hatte er seine Arbeit verrichtet und seinen Wodka getrunken.

Jetzt wollen wir so einen alten, zählebigen Russen zum Geburtstag besuchen, den munteren Ziegelbrenner Vladimir Putjakin in Nish Kryokowa, im Schaikowskaja-Distrikt jenseits vom Ural. Er feierte seinen 125. Geburtstag. Das finden Sie nun sicher nicht mehr besonders aufregend, nachdem Sie gerade von dem alten Steinscherer in Aserbeidschan gehört haben. Aber sogar für russische Verhältnisse sind 125 Jahre ein beträchtliches Alter. Hören Sie daher die folgende kleine Geschichte.

Der alte Vladimir wurde also 125 Jahre alt, und das war so eine denkwürdige Zahl, daß ein junger Journalist aus Moskau den weiten Weg nach Nish Kryokowa gemacht hatte, um den Jubilar zu interviewen. Die Fahrt war weit und anstrengend, und mehr als einmal war der Journalist drauf und dran, im Dreck und Matsch der unwegsamen Strecke aufzugeben, aber er kannte seine Pflicht und setzte seine Reise unverdrossen fort, bis er sein Ziel erreichte. Nachdem er heil in dem Dorf angekommen war, zog er sich die Eiszapfen aus Haaren und Bart, denn es war ein strenger russischer Winter, das Land knarrte vor Eis und Frost. Vor Vladimirs kleiner Steppenhütte hämmerte er an die schwere Eichenplankentür und wurde schließlich eingelassen. Eine alte Frau stand am Ofen und kochte Tee auf einem Samowar.

»Sdobrym vetjerom, gardanka«, grüßte Sergej Kojevskij, der Journalist, »ist das Geburtstagskind, der alte Towaritsch Vladimir, gesund und munter, und wo kann ich ihn finden?«

O ja, er sei guter Dinge, er sei draußen und brenne Ziegel, aber die alte Frau meinte, er mache wohl bald Feierabend und werde dann nach Hause kommen. Ob der reisende Grasdanin nicht eine Tasse Tee wolle?

Sergej nickte und ließ sich auf der Steinbank am Ofen nieder. Ein gewaltiger Lärm erschreckte ihn, der durch die mit Lehm verstrichene Tür drang, die die einzigen beiden Räume der kleinen Hütte voneinander trennte.

»Das müssen die Hühner sein«, erklärte das alte Mütterchen, ohne dem Blick des Journalisten zu begegnen.

Einige Augenblicke später ging die schwere Eichenplankentür auf, und ein alter Mann trat ein. Er roch übel nach Abfall und Dreck, sein störrischer, schmutziggrauer Wildnisbart war von Eiszapfen durchsetzt, und seine buschigen Brauen fielen wie in kleinen Kaskaden über seine runden, tiefliegenden Greisenaugen. Noch in der Tür schmiß er einen Sack Werkzeug von sich. Dann riß er seine schwarze fettige Pelzmütze ab und begrüßte den Fremden mit einem: »Sdrasvuitje, Towaritsch!«

»Bist du der alte Ziegelbrenner Vladimir Putjakin?« wollte Sergej wissen.

Tja, das war er wohl, höchstpersönlich.

»Dann möchte ich dir zum Geburtstag gratulieren, mit den besten Wünschen von allen Kameraden in Moskau. Vy vygljaditja molosje. Du wirst heute 125 Jahre alt, nicht?«

Der alte Vladimir nickte, ja, einhundertundfünfundzwanzig, ja, das war schon richtig.

Der Journalist versuchte, den Alten nach Kräften zum Reden zu bewegen, wie miserabel er es in seiner Kindheit gehabt habe, über sein arbeitsames Leben und dergleichen, aber wieder drang ein fürchterliches Getöse aus dem Raum nebenan, und was immer der alte Vladimir über seine Kindheit erzählt haben mochte, erstarb im Lärm. Sergej holte seinen Notizblock.

»Sag mir jetzt, Genosse Vladimir, warum, meinst du, hast du so ein hohes Alter erreicht?«

Der alte Vladimir wischte sich mit seinem gefurchten Handrücken über die runzelige Stirn und dachte nach, daß es hörbar in seinem Gehirn knackste.

»Tja«, meinte er nach einer Weile angestrengten Grübelns, »das liegt wohl daran, daß ich schon so lange lebe.«

Sergej war mit der Antwort nicht zufrieden. Der Alte sollte so antworten, daß alle Sowjetbürger aufgerufen würden, ebenfalls ein so hohes Alter zu erreichen.

»Trinkst du Wodka, Genosse Vladimir?« fragte er.

Der Alte ließ schnell seinen Blick an dem Fremden auf- und abgleiten. Es sah nicht so aus, als ob er eine Flasche bei sich hätte, er mußte also mit der Antwort

vorsichtig sein. Man konnte nie wissen, was diese Kerle aus Moskau im Schilde führten.

»Du trinkst also keinen Wodka?« fuhr Sergej schnell fort.

Der alte Vladimir hielt es für angebracht, verneinend den Kopf zu schütteln.

»Gut«, meinte Sergej, »dann schreiben wir also, du meinst, dein hohes Alter sei darauf zurückzuführen, daß du nie einen Tropfen Wodka angerührt hast. Zudem wird hierzulande viel zuviel Wodka getrunken, und wenn die Leute lesen, daß man länger lebt ohne Wodka, dann vielleicht . . .«

Sergej kam nicht weiter. Zum dritten Mal brach im Raum nebenan ein fürchterlicher Spektakel aus, und jetzt war deutlich eine schreiende, wild grölende Männerstimme zu hören.

»Hören Sie«, sagte Sergej streng, »was geht eigentlich da drüben vor sich?«

Der alte Vladimir sah schuldbewußt zur Seite, und das alte Mütterchen am Ofen blickte verlegen in den Schoß.

»Ach nichts, Genosse«, murmelte Vladimir, »das ist bloß mein Vater. Er macht immer so einen schrecklichen Radau, wenn er zuviel Wodka bekommen hat.«

Arizona
Lazy Luke

Weit über Snagtooth Cliffs hinaus - genauer gesagt, in der kleinen abseits gelegenen Neusiedlerstadt Muddy Creek in dem wenig fruchtbaren Windy Valley - wohnte Farmer Luke, von seinen Freunden Lazy Luke genannt, weil er so entsetzlich träge war. Lazy Luke und seine unförmige, streitsüchtige Frau Fluffy-Mae hatten ihre kleine bescheidene Farm in einem wellblechverkleideten Schuppen eingerichtet, der so baufällig war, daß Farmer Luke praktisch den ganzen Tag auf der Schattenseite sitzen und den Rücken gegen den Giebel stemmen mußte, damit der ganze Krempel nicht einfach zusammenstürzte. Diese Erklärung erhielt Fluffy-Mae jedenfalls immer, wenn sie ihn dort auf der Schattenseite dösend antraf.

»Dangblasted lazy blute! Da sitzt du schon wieder rum, du Faultier! Du rührst ja nie einen Finger in deinem Leben.«

Fluffy-Mae hatte recht. Farmer Luke war so faul, daß er sich nicht einmal kratzte, wenn ein Floh ihn biß. Aber glücklicherweise war es so heiß in Muddy Creek, daß die Flöhe zum Stechen zu faul waren.

»Kannst du nicht wenigstens rausgehen und mir 'n Eimer Kartoffeln ausgraben«, fauchte Fluffy-Mae.

Eigentlich war das Anwesen als Baumwollfarm geplant gewesen, aber ein paar Reihen roter kalifornischer Kartoffeln war alles, wozu Farmer Luke es bisher gebracht hatte, und das nach all den zwanzig Jahren, die er die Farm schon besaß.

Widerwillig erhob sich Lazy Luke und trottete hinaus aufs Kartoffelfeld. Still saß er da, den Kopf auf die Hände gestützt, und starrte mit leerem Blick auf die Kartoffelreihen, als sein Nachbar, der Farmer Jarf, hinzukam.

»Was sitzt du denn da herum?« wollte er wissen.

»Ja«, meinte Luke und sah träge zu ihm auf, »ich sitze hier und warte darauf, daß ein kräftiges Erdbeben kommt, damit die Kartoffeln von selbst aus der Erde fliegen, und dann warte ich hinterher auf eine Windhose, die die Kartoffeln nach Hause zu unserer Farm wirbelt. Fluffy-Mae hatte keine Kartoffeln mehr für ihren Topf.«

Am nächsten Tag kam Farmer Jarf herbeigelaufen, weil Lazy Luke draußen auf dem Kartoffelfeld saß und ganz erbärmlich schrie.

»Was ist denn passiert, Luke?« fragte Jarf verständnislos.

»Ich habe mich auf einen Igel gesetzt«, jammerte Lazy Luke, »und das tut am Hintern fürchterlich weh, ah, dangblast it, wie das schmerzt!«

»Dann steh doch auf!«

Aber dazu war Lazy Luke zu faul.

Eines Tages reiste Fluffy-Mae nach Pawnee Rock, um ihre Tochter Lizzybelle zu besuchen, die im Wochenbett lag. Als einzig Eßbares hinterließ sie in der Küche einen großen Korb mit Erbsen, die sie von Farmer Jarf bekommen hatte. Davon sollte Farmer Luke leben, bis sie nach acht bis vierzehn Tagen wiederkehren würde. Luke hätte sich sicherlich auch damit begnügen können – denn niemand in Muddy Creek war an Luxusessen gewöhnt –, wenn er nur nicht so

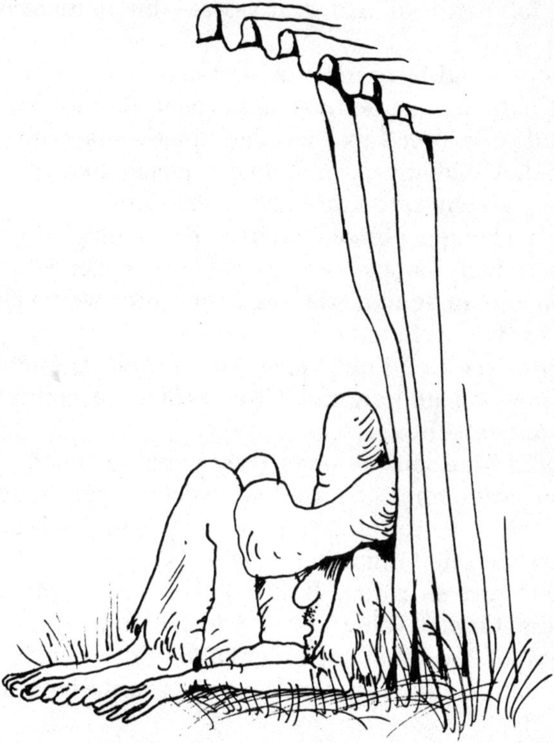

unchristlich faul gewesen wäre. Aber das war er, wie bereits mehrmals angedeutet, und als Fluffy-Mae von Pawnee Rock zurückkehrte, fand sie ihn tot auf der Schattenseite des Hauses liegen. Er war vor Hunger gestorben. Der Korb mit Erbsen stand unberührt auf dem Küchentisch, wo Fluffy-Mae ihn hinterlassen hatte.

»Ain't tough!« murmelte sie, »das faule Stinktier hatte natürlich keine Lust, die Erbsen zu enthülsen.«

Well – Farmer Luke wurde zum Krematorium in Little Rock gefahren, in den Ofen geschoben und bis auf seine schwarze faule Seele verbrannt.

Es vergingen einige Wochen, da erschien Sarah, Farmer Jarfs hochschwangere Frau, in der kleinen Farm, um zu sehen, wie das Leben hier weiterging.

»Howdy!« rief sie.

»Howdy!« rief Fluffy-Mae, die auf dem Küchenschemel saß und an einer Wassermelone mampfte.

»Na, wie geht's?«

Fluffy-Mae sah von ihrer Wassermelone hoch.

»Ausgezeichnet, Sarah«, antwortete sie lebhaft, »endlich habe ich den faulen Luke dahin gebracht, daß er sich mal ein bißchen rührt.«

»Daß er sich rührt? Holy Smoke!« rief Sarah verständnislos aus, »aber Luke ist doch schon seit einem Monat tot. Du willst doch nicht allen Ernstes behaupten, daß du ihn jetzt zur Arbeit hast antreiben können.«

»Doch, sieh mal selbst«, sagte Fluffy-Mae und entblößte mit einem zufriedenen Lächeln ihren einzigen Vorderzahn, wobei sie nach einem Glasgegenstand auf der Fensterbank langte.

»Sieh mal, wie er rauf- und runterläuft, sieh, wie er sich rührt, der faule Kerl.«

Fluffy-Mae hatte Lukes Asche in ein Stundenglas gefüllt.

England

Die sprechende Katze

Der Sekretär im Ministerium, Webster Booth, hatte einen neuen Nachbarn bekommen. Bisher wußte er nur von ihm, daß er Rocozetto hieß, wohl aus Italien kam und Zirkusartist gewesen war. Eines Morgens, als Mr. Booth auf dem Weg zur Arbeit an Rocozettos kleinem Haus vorbeikam, saßen vor der offenen Gartentür ein Hund und eine Katze. Mr. Booth warf den Tieren einen gleichgültigen Blick zu.

»Guten Morgen«, sagte die Katze freundlich.

Mr. Booth hob leicht seinen schwarzen Bowler und erwiderte lässig: »Guten Morgen.«

Hundert Meter weiter die Straße entlang hielt er jäh inne. By Jove! Hatte die Katze nicht ›Guten Morgen‹ gesagt? Das war doch unmöglich. Er schüttelte den verrückten Gedanken ab und eilte zur U-Bahn.

Am nächsten Morgen, als er wieder zur Arbeit unterwegs war, saßen Hund und Katze wieder in dem kleinen Vorgarten von Rocozetto. Mr. Booth konnte es nicht lassen, einen prüfenden Blick auf die Katze zu werfen. »Guten Morgen, Mr. Booth!« sagte sie laut und deutlich.

Mr. Booth ließ vor Verblüffung seinen Regenschirm fallen.

»Hoppla!« sagte die Katze.

An jenem Morgen in der U-Bahn hatte Mr. Booth

nur einen Gedanken im Kopf – die sprechende Katze seines Nachbarn. Mr. Booth war ein akademisch gebildeter Mensch der Vernunft und glaubte natürlich keine Sekunde lang an sprechende Tiere, abgesehen von Papageien, die man wohl darauf drillen konnte, schreiende Laute auszustoßen, die entfernt ans Sprechen erinnern konnten, obwohl Mr. Booth selbst nie einen sprechenden Papagei erlebt hatte. Aber eine Katze! Nein, der Gedanke war absurd. Irgend etwas mußte dahinterstecken.

Am nächsten Morgen war er schon früh unterwegs. Der gefürchtete ungemütliche Londoner Nebel lag wie ein klammer ekelhafter Teppich über der Vorstadt. Durch die fast undurchdringliche Suppe erblickte er Rocozettos Hund und Katze.

»Guten Morgen, Mr. Booth«, sagte die Katze, »so ein Mistwetter.«

»Ja, da haben Sie . . . da hast du recht«, meinte Mr. Booth und beugte sich runter, um die Katze hochzuheben. Keine Leitungen führten zu ihr hin oder von ihr weg. Man hätte sich ja vorstellen können, daß ihr mysteriöser Eigentümer eine Art Mikrolautsprecher in sie eingebaut hätte. Aber keine Spur einer Leitung. Er setzte die Katze wieder zu Boden und starrte sie verständnislos an.

»Sie verpassen Ihren Zug, Mr. Booth«, sagte die Katze, und Mr. Booth richtete sich mit einem Ruck auf. An diesem Tag war es ihm unmöglich, seine Gedanken auf die Arbeit im Ministerium zu konzentrieren.

»Mrs. Cracombe«, sagte er zu seiner Sekretärin, »Sie haben doch einen Papagei zu Hause, nicht? Kann der sprechen?«

»Ja, allerdings, mein Mann hat ihn bald alle Schimpfwörter gelehrt, die man auf der Straße hören kann.«

»Und Ihre Katze? Kann die auch sprechen?«

»Nein, wie kommen Sie denn darauf, Mr. Booth. Wenn sie das könnte, dann säße ich nicht hier. Dann wäre sie ja ein Vermögen wert, eine Sensation, die eine Menge Geld einbringen könnte.«

Am nächsten Morgen war die Katze in Rocozettos Garten verschwunden. Nur der Hund saß da.

»Guten Morgen«, nickte Mr. Booth ihm zu.

»Wau«, erwiderte der Hund, dumm und monoton.

»Schönes Wetter heute, nicht?«

»Wau, wau«, machte der Hund und leckte ihm die Hand, als Mr. Booth sich runterbeugte, um den Hund zu streicheln. Im selben Augenblick kam die Katze angelaufen. Sie schmiegte sich schmusend an Mr. Booths Hosenbein.

»Guten Morgen, Mr. Booth«, sagte sie.

»Guten Morgen, meine Kleine«, entgegnete er, »schönes Wetter heute, nicht?«

»Herrlich«, sagte die Katze.

Kurz entschlossen ging Mr. Booth durch den kleinen Vorgarten auf Rocozettos Haus zu. Er klopfte mit dem Türhammer, und Rocozetto kam heraus.

»Verzeihung, guten Morgen«, sagte Mr. Booth und stellte sich vor, »ich möchte gern direkt zur Sache kommen. Wollen Sie Ihre Katze verkaufen?«

»Nein, die ist nicht zu verkaufen.«

»Auch nicht für hundert Pfund?«

»Tut mir leid, nein.«

Mr. Booth erhöhte sein Angebot auf zweihundert Pfund, und schließlich willigte Rocozetto ein. Während er das Geld nachzählte, sah er Mr. Booth schnell von der Seite her an: »Wollen Sie auch den Hund kaufen?«

Mr. Booth schüttelte den Kopf, hob die Katze hoch und trug sie schnell nach Hause. Er setzte sie zu Boden und fragte voller Spannung: »Hast du Hunger?«

»Miau!«

»Schönes Wetter heute, nicht?« versuchte er es.

»Miau!«

Mr. Booth begann zu zweifeln. Er hob die Katze hoch und schüttelte sie kräftig. Dann setzte er sie wieder ab und rief: »Sag etwas!«

»Miau!«

Er kommandierte den ganzen Tag und die ganze Nacht mit ihr herum, bekam aber kein Wort aus ihr heraus. Früh am nächsten Morgen ging er mit ihr rüber, um mit Rocozetto zu sprechen. Vor der Gartenpforte saß der Hund zusammen mit einer neuen Katze.

»Guten Morgen, Mr. Henderson«, begrüßte die Katze einen vorübergehenden Herrn der Vorstadtstraße.

Mr. Booth eilte durch den Vorgarten und hämmerte gegen die Tür. Rocozetto trat heraus.

»Ihre Katze will nicht sprechen«, rief Mr. Booth erregt, »Sie haben mich betrogen und mir zweihundert Pfund abgeluchst. Die Katze sagt kein Wort.«

»Natürlich nicht«, lächelte Rocozetto. »Katzen können doch nicht sprechen. Ich habe Ihnen die Katze so verkauft, wie sie ist, und damit basta.«

»Ja, aber ich habe die Katze doch sprechen hören, mit meinen eigenen Ohren habe ich gehört, wie sie ›Guten Morgen, Mr. Booth‹ sagte.«

»Nein, Sie haben Sie nicht ein Wort reden hören«, verriet Rocozetto sein lukratives Geheimnis, »der Hund ist ein Bauchredner.«

Australien
Kwamumbas Rückfall

Im tiefsten Zentralaustralien, in der Mulga, oder, wie die Weißen den unendlichen, akazienbewachsenen Wald nennen, im Busch, südlich von der Ilbiljabergkette und der zentralaustralischen Sandwüste, gibt es immer noch Menschenfresser. Der Häuptling des Mumbawambastammes, Kwamumba, von dem wir hier hören werden, war Australneger, und um den armen Missionar, der um die Essenszeit in seine Nähe kam, war es schlecht bestellt. Nie fragte Kwamumba seinen Koch: »Was gibt es heute zu essen?«, nein, er fragte: »Wen gibt es heute zu essen?«

Eines Tages war Kwamumba auf Bumerangjagd nach einem Emu. Er streifte über die Igelgras-bewachsene Ebene von Spinifex und stürzte plötzlich in die verborgene Fallgrube des Nachbarstammes. Viele Stunden lag er in der Fallgrube, er mußte mit den wilden Dingos kämpfen, die selbst hineingestürzt waren, bis er durch die dünne Decke aus Salzbuschzweigen und Quandongblättern ganz tief abstürzte und sich verloren glaubte. Da tauchte ein weißer Mann auf, streckte seine Hand hilfreich in die Fallgrube und zog Kwamumba hoch, während er den Dingos ein paar wohlgezielte Schüsse zwischen die Augen sandte. Der weiße Mann war ein Wallibah-Jäger von Alice Springs, und Kwamumba fühlte sich ihm gegenüber so tief zu Dank verpflichtet, daß er es nicht übers Herz brachte, ihn zu verspeisen.

Der weiße Känguruhjäger, Steve Burton, ließ sich im Mumbawambadorf nieder und führte dort lange Gespräche mit Kwamumba, der sich brennend für die aktuellen Probleme der ganzen Welt interessierte, ganz besonders für die Zukunft der Schwarzen und dafür, wie weit man die Zivilisation im zuvor so dunklen Afrika hatte verbreiten können.

»Die afrikanischen Neger gehen heutzutage nach England, sie studieren an den Universitäten und höheren Lehranstalten«, konnte Burton erzählen, »und wenn sie in die verschiedenen afrikanischen Staaten zurückkehren, werden sie Staatsmänner, Politiker und fahren in großen glänzenden Limousinen mit weißen Türen und rotem Lederbezug auf den Sitzen.«

»Aber ab und zu kochen sie sich noch einen fetten Missionar mit Speck im Nacken und Dellen auf dem Bauch, nicht wahr?«

»Of course not, Kwamumba. What a silly question. Nein, sie essen Cornflakes, Bacon und Eggs, Tournedo mit Sauce béarnaise und Waldorfsalat, und sie trinken Mocca, französischen Cognac und rauchen dicke Zigarren mit Bauchbinden.«

»Und überhaupt keine Missionarsuppe? Oder Känguruhjägerbouillon? Nur einen kleinen Löffel zu feierlichen Anlässen?«

»O no, Kwamumba, darauf verfallen zivilisierte Menschen nicht.«

Der Häuptling des Mumbawambastammes lag lange tief in Gedanken versunken da. Sein Blick glitt über die ausgetrocknete Ebene, bis hin zu den fernen Winechbergen, die im kräftigen Schein der sinkenden Abendsonne tiefblau und strohgolden funkelten. Dann schob er die Tonschüssel mit dem lauwarmen Missionargulasch zur Seite und sagte entschlossen:

»Kannst du mich vielleicht zu einem zivilisierten Menschen machen, Wallibah-Jäger?«

»Vielleicht«, nickte Steve Burton, »aber dann mußt du nach London und studieren, und das kann viele Jahre dauern.«

»Ich mache Wambu-Wambuta zum Häuptling, während ich weg bin, und wenn ich zurückkehre, werde ich alle meine Stammesbrüder lehren, Cornflakes und Waldorfsalat zu essen anstatt dieser primitiven, eintönigen Missionarsuppe.«

»Das wird eine schwere Zeit«, warnte Steve Burton, »es ist mühsam, so alte Gewohnheiten abzulegen. Aber wenn du das wirklich auf dich nehmen willst, well, du hast eine Chance.«

Also reiste der Australneger Kwamumba nach London und ließ sich auf der Universität immatrikulieren. Drei Jahre später erhielt Steve Burton einen Brief von ihm, in fehlerfreiem Englisch verfaßt. Dort stand: »Dear Mr. Burton, ich habe jetzt den ersten Teil meiner Studien abgeschlossen und reise unmittelbar nach der Semesterabschlußfeier mit der AUSTRALIA STAR in mein Heimatland zurück. Ich würde mich sehr freuen, Ihnen zeigen zu können, wie weit ich in meinen Bemühungen, ein zivilisierter Mensch zu werden, gelangt bin. P. S. Bereiten Sie freundlicherweise meinen Medizinmann, meinen Regenmacher und meinen Geisterbeschwörer darauf vor, daß ich sie alle unmittelbar nach meiner Ankunft entlassen werde. Yours sincerely, Kwamumba.«

Nun traf es sich, daß auch Burton sich gerade in England aufhielt, als die AUSTRALIA STAR abfahren sollte, und daß auch er mit dem Schiff zurück nach Australien fuhr. Er begegnete Kwamumba, und die Freude des Wiedersehens war groß. Kwamumba erschien in tadellosem Tropical Dress mit weißem Hemd und diskret kleingepunktetem Seidenschlips.

Keiner hätte ihm ansehen können, daß er ein ehemaliger australischer Menschenfresser war.

Als man später gemeinsam im großen Speisesalon der AUSTRALIA STAR saß, beobachtete Steve Burton mit einiger Spannung, wie weit es seinem Freund gelungen war, seine alten Gewohnheiten abzulegen.

Der Steward kam mit der Speisekarte, und Kwamumba studierte sie lange und eingehend. Dann winkte er den Chefsteward zu sich.

»Leider haben Sie nicht das richtige für meinen Geschmack«, sagte er und schob die Speisekarte zur Seite, »aber dürfte ich mal Ihre Passagierliste sehen?«

Mittelamerika
Die Höllenmaschine

In einer kleinen unruhigen Republik Mittelamerikas stand Ruiz Canaba als Wachtposten auf der breiten, baufälligen Treppe, die zur Villa Cacto hinaufführte. Der Palast zeugte von verfallener Pracht, die Wände waren von altem Kalkputz marmoriert, der wie lose Schuppen in großen Flocken von den Mauern hing, und als einzigen Schmuck sah man einige dunkelrote Geranien in der unkrautübersäten Chacara sowie wild rankende verblühte Rosen, die sich an den schmutzigen Ladrillos, den kahlen Fensteröffnungen, entlangwanden.

Drinnen im Palais saßen Luiz Fernando y Zaragoza und sein Freund Federico Jacinton de Pereda an einem großen ovalen Rosenholztisch und waren von ihrer anspruchsvollen Arbeit zutiefst ergriffen. Gegenüber in der Fensternische stand mit gespreizten Beinen ein stämmiger, verschmutzter Mann mit einem großen schwarzen martialischen Schnurrbart, zornigen Augenbrauen und dicken bläulichen Lippen, die nervös und unentwegt einen feuchten zerkauten Zigarettenstummel bearbeiteten. Es war der General der Aufrührer, Antonio y Gutierrez.

»Lo más pronto, camarados! Beeilt euch!« fauchte er ungeduldig und wandte sich den beiden Männern am Tisch zu, wobei er einen Fetzen des Zigarettenstummels ausspuckte. Er schritt quer durch den großen Raum, dessen Mobiliar nur aus dem Rosenholztisch, einigen Kruzifixen an der Wand und einer großen mit Eisenbeschlägen gefestigten Holzkiste bestand, die bis zum Rand mit Maschinenpistolen gefüllt war.

Luiz und Federico arbeiteten verbissen, hektisch hantierten sie mit einem Wecker, einem Zündungsmechanismus und einer Sprengladung herum. Soeben gaben sie einer südamerikanischen Standard-Revolutions-Maschine den letzten Schliff.

»Auf welche Zeit sollen wir den Wecker einstellen, Señor General?« fragte Federico und zog die Uhr auf.

Der General zwirbelte seinen schwarzen martialischen Schnurrbart und rechnete angestrengt nach. »Espera bueno . . . um 9.30 Uhr fährt er zum Regierungsgebäude, aber die Morgenpost kommt normalerweise schon um 9 Uhr, das Paket liegt also bei seiner Ankunft auf dem Schreibtisch. Stellen wir den Wecker auf 10 Uhr morgen vormittag. Der wird ja einen netten Schreck bekommen – hijo de la gran puta!«

Es war der Präsident der Republik höchstpersönlich, den Antonio Gutierrez zum Opfer ausersehen hatte. Er sollte gestürzt werden, er war bereits seit vier Wochen Präsident, also wurde es höchste Zeit.

Luiz holte einen leeren Zigarrenkasten und montierte die Höllenmaschine hinein. Dann wickelte er mehrmals graues Packpapier darum, und Federico beschriftete das Paket mit der Adresse.

»Und jetzt zur Post damit«, ertönte es ungeduldig vom Aufrührergeneral.

»Sollten wir es nicht als ZERBRECHLICH-Paket versenden?« schlug Luiz vor, »es sollte ja möglichst nicht explodieren, bevor es an die richtige Adresse gelangt ist.«

»Muy bueno! Perfectamente!« nickte der General voller Anerkennung, und Federico schrieb mit großen roten Buchstaben quer übers Paket –FRAGIL! LA MUESTRA SIN VALOR!

»Warenprobe ohne Wert«, las der General mit einem hintergründigen Lächeln, nicht schlecht!

»Mir erschiene es klug, das Paket per Nachnahme zu senden . . . dann hätten wir eine Garantie dafür, daß er das Paket persönlich erhält«, fuhr Luiz fort, der alles bedachte. Nicht umsonst war er für den Posten als Vizepräsident ausersehen, wenn der General an die Macht käme.

LA CRADA CERTIFICADA schrieb Federico, klebte ein paar Briefmarken auf, und das Paket war fertig. Er zog den breitkrempigen Sombrero tief in die Stirn und ging mit dem Paket zur Post. In einem günstigen Augenblick steckte er es zwischen die anderen Pakete, die am Schalter lagen, und verließ die Post ebenso unbemerkt, wie er gekommen war.

In der folgenden Nacht fanden die Aufständischen wenig Schlaf. Bereits bei Morgengrauen sprang der General aus dem Bett, und auch Luiz und Federico, die auf dem kalten Marmorboden geschlafen hatten, rollten sich aus ihren Decken.

»Wie spät ist es?« fragte der General ungeduldig.

Keiner wußte es, den Wecker hatten sie ja zum Präsidenten geschickt. Der General ging zur Fensternische hinüber und warf einen Blick auf die Kirchturmuhr. Sie zeigte 4.57 Uhr. Die Stunden vergingen langsam, aber endlich rückte der große Zeiger auf 10 zu, der Zeitpunkt, zu dem der Präsident normalerweise an seinem großen Schreibtisch im Regierungsgebäude Platz nahm.

Die große Uhr an der Santa-Maria-Kirche zeigte 9.45 Uhr, dann 9.50 und schließlich 9.55. Da klopfte es hart an die Tür. General Antonio y Gutierrez zuckte zusammen, und die Aufständischen hielten schnell ihre Maschinenpistolen schußbereit.

»Luiz!« kommandierte der General flüsternd, »sieh nach, wer da ist!«

Vorsichtig öffnete Luiz die Tür. Es war Miguel, der Paketbote, mit einem Paket. Luiz nahm es ihm ab, und der Bote verschwand.

»Nur ein Paket, Señor General!«

Alle atmeten erleichtert auf. Dann sagte es PENG, und die Villa Cacto flog 500 m in die Luft, einschließlich Kalkputz, wilden Rosen und Kruzifixen.

Das Paket war zurückgekommen, weil Federico, t'onto idiota, nur einen Teil der Briefmarken auf das Paket geklebt und den Rest blitzschnell in seine eigene Tasche gesteckt hatte.

Monaco

Gewagtes Spiel in Monte Carlo

Victor leert sein Glas und wirft Margit einen fragenden Blick zu. Er sitzt mit den anderen der Reisegesellschaft in einem kleinen Straßencafé in der Nähe des Spielkasinos in Monte Carlo. In einer knappen halben Stunde fährt die Reisegesellschaft weiter nach Nizza, und vielleicht wird Victors Weg nie wieder nach Monaco führen.

Die Zeit ist knapp. Noch nie hat er ein Spielkasino betreten, und er findet es jammerschade, in kurzer Zeit von dem berühmtesten Spielerparadies der Welt Abschied nehmen zu müssen, ohne sein Glück versucht zu haben.

»Margit«, sagt er mit bettelndem Blick, »nur eben zehn Minuten, nicht?«

»Kommt gar nicht in Frage«, erwidert Margit, »wir haben sowieso nicht zuviel Geld.«

»Ich will doch nur eben mal reingucken und ein einziges Spiel versuchen. Ich werde doch nicht unser letztes Geld rausschmeißen, ich schwöre es. Ich verspreche dir, rechtzeitig aufzuhören. Aber es wäre doch eine Gaudi, zu Hause erzählen zu können, daß man im Kasino von Monte Carlo gespielt hat.«

Schließlich gibt Margit jeglichen Widerstand auf. »Aber in spätestens 20 Minuten bist du zurück, wir werden nicht länger auf dich warten.«

Schnell steht Victor auf und eilt an den wie in einer Operette kostümierten Carabinieri vorbei, die am Eingang des Kasinos Wache stehen. Zwei Minuten später steht er vor dem grünen Spieltisch mit dem surrenden Roulette. Mit klopfendem Herzen schiebt er 5 Francs auf eine Position, wo er den Einsatz 35fach zurückbekommen kann, wenn er Glück hat. Das Roulette surrt . . . und einen Augenblick später hat die weiße Elfenbeinkugel entschieden, daß Victor um 175 Francs reicher ist.

Er läßt den gesamten Gewinn stehen. Wieder beginnt die Kugel ihren teuflischen Tanz, und wieder ist Victor das Schicksal gnädig.

Der Croupier schiebt 6000 Francs über das grüne Tuch. Mit strahlenden Augen greift Victor nach dem Jetonhaufen und setzt die 6000 Francs auf eine andere Stelle, wo er den Einsatz 17fach zurückerhalten wird – wenn er Glück hat.

Er hat Glück. Alles dreht sich vor seinen Augen. 100 000 Francs gewonnen, in weniger als fünf Minuten, mehr, als er jemals zu besitzen erträumt hatte.

Er läßt den Geldhaufen auf dem Feld stehen. Wieder surrt das Roulette herum, und wie verzaubert verfolgt er das Spiel der weißen Schicksalskugel.

Einen Augenblick später wird es Victor schwarz vor Augen, er muß sich an der Kante des grünen Spieltisches festhalten, um nicht zu fallen. Phantastisch! Unglaublich! Die Jetons häufen sich vor ihm auf. Fast zwei Millionen Francs. Wenn es so weitergeht, wird er die Bank sprengen. Der Croupier beugt sich leicht vor und wechselt einen vielsagenden Blick mit dem Bankier. Das Spiel beginnt spannend zu werden.

»Mesdames et messieurs! Faites votre jeux! Machen Sie Ihr Spiel!«

Die Spieler am Tisch verfolgen gebannt jede Bewegung Victors. Jetzt wird er vorsichtig spielen. Wenn er nur noch den Gewinn verdoppeln kann, dann wäre er zufrieden und würde aufhören. Mit einer energischen Bewegung schiebt er den gesammten Gewinn auf *Pair*. Die Glocke klingelt, und das Roulette surrt herum. Was hat die weiße Kugel mit ihm vor? Er wagt nicht, ihrem Tanz zu folgen, er schließt die Augen und wartet auf sein Urteil.

»12. Pair!«

Vier Millionen Francs. Victor ist wie gelähmt, unfähig, überhaupt irgend etwas zu unternehmen.

»Mesdames et messieurs! Faites votre jeux!« erschallt die monotone Stimme des Croupiers.

Victor läßt die vier Millionen auf *Pair* stehen. Dann schließt er wieder die Augen und läßt alles mit sich geschehen. Er öffnet sie erst, als ein Raunen der Ergriffenheit durch den Raum geht. Zum zweiten Mal hat die gerade Zahl gewonnen. Jetzt ist Victor der glückliche Besitzer von acht Millionen Francs. Eine schwindelerregende Summe! Jetzt muß er sich zusammennehmen.

Die Reisegesellschaft wartet, er hat Margit versprochen . . . Nein, noch ein einziges Spiel, und dann muß er los. Wird es noch einmal *Pair* werden? Er wird unsicher. Im letzten Augenblick schiebt er die acht Millionen hinüber auf *Impair*, ungerade.

Das Roulette surrt, launisch hüpft die weiße Elfenbeinkugel mit kleinen scharfen Sprüngen an der Kante entlang, als könne sie sich nicht entscheiden. Endlich beruhigt sie sich und fällt in ein Fach mit einer Nummer. Die monotone Stimme ertönt: »22. Pair.«

Mit seiner Geldharke reißt der Croupier unbarmherzig Victors acht Millionen an sich. Victor bleibt ein oder zwei Sekunden stehen, dann knöpft er seine Jacke zu, zupft seinen Schlips zurecht und verläßt schnell das Spielkasino.

In dem großen Touristenbus sitzt schon die ganze Reisegesellschaft und wartet ungeduldig auf ihn.

»Na«, sagt Margit, als er sich neben sie auf den Sitz geklemmt hat, »wie ist es dir ergangen? Du hast natürlich verloren?«

»Ja«, nickt Victor kurz, »fünf Francs.«

Griechenland
Meuterei auf Ktapodi

Dampfschiff S/S Ktapodi war eine alte 10 000-t-Kiste, Heimathafen Kalamarakia und in einer der niedrigsten Klassen bei Lloyd versichert. Der Kapitän war äußerst unbeliebt an Bord, ein untersetzter, grobschlächtiger Kerl mit kalten, stechenden Augen, hervorstehendem Kinn, ungepflegtem schwarzem Hängebart und dicken bläulichen Lippen, die sich niemals zu einem Lachen verzogen. Seine Besatzung bestand aus dem Abschaum der Welt, und man beklagte sich praktisch über alles an Bord, über die ewig halb verdorbenen Kokoretsi, die mit Schafsnieren gefüllten Kalbsdärme, bis zu den aufdringlichen Kakerlaken in den Kojen.

Eines Abends versammelten sich die Unzufriedenen der Besatzung im Kabuff des Bootsmannes. Offenbar schwelte es im Untergrund, es wurde geflüstert, und ein großer kaffeebrauner Jamaikaneger, der als Heizer angemustert hatte, stand als Wachtposten draußen vor dem Kabuff.

»Ich war mittschiffs hochgegangen, um das Rostwerk zu reinigen«, begann der portugiesische Jungmatrose Alvarez, »aber es konnte dem Boß natürlich nicht fix genug gehen. Unaufhörlich schrie er: ›Schneller, dalli, dalli, du Köter!‹«

Der Bootsmann, der Grieche Kleon Antsoujes,

setzte die Ouzoflasche ab und berichtete mit unheilverkündendem Blitzen in den dunklen Augen: »Mir war er auch den ganzen Tag auf den Fersen. Ich sollte Tauwerk spleißen, und als ich nur einen Augenblick meinen Rücken streckte und mir eine Zigarre rollte, war er sofort wie der Teufel hinter mir her mit seinem gellenden ›Dalli, dalli, du Köter‹.«

Ein irischer Leichtmatrose erhob sich und ging hinaus, um den Jamaikaneger auf dem Wachtposten abzulösen, der sich einen Augenblick neben den Bootsmann schob.

»Na, und was meinst du, Megalo-Joe?« flüsterte der Bootsmann.

Der Jamaikaneger machte eine vielsagende Handbewegung.

Die anderen fuhren erschreckt hoch: »Du meinst, wir sollen ihm den Hals umdrehen?« klang es wie aus einem Munde.

Der Jamaikaneger nickte. »Malista!« sagte er auf griechisch.

Wortlos sanken die anderen auf ihre Plätze zurück. Ein eigentümlicher Glanz trat in ihre Augen. Herrlich, mit dem verwegenen Gedanken zu spielen. Ja, das war das einzig richtige, ihm den Hals umzudrehen, wie bei einem Kotopoulo, einem Hähnchen.

Der Bootsmann wandte sich an den Koch der S/S Ktapodi, den kleinen Chinesen Wang Hu.

»Hinter dir ist er doch ständig her, nicht?«

»Malista«, nickte der kleine Chinese und blinzelte mit den kleinen schrägen Augen, »ich sitzen auf Lukendeckel, ne? Schälen Patates, ne? Ich mich zu langsam beeilen, ne? Er schreien: Dalli, dalli, Köter. Skili! Skili!«

Der Bootsmann beugte sich über den Tisch und senkte seine Stimme. »Die Kotas, die wir auf dem

Deck hatten, denen hast du doch auch so elegant den Hals umgedreht, nicht wahr, Wang?«

Der Chinese begriff sofort, worauf der Bootsmann hinauswollte.

»Das sein nicht selbe Sache. Hühner sein Essen. Ich nicht mehr Hals umdrehen.«

Der Bootsmann wandte sich an den großen Jamaikaneger. »Wagst du es zu tun, Megalo-Joe?« flüsterte er heiser und ergriff das Handgelenk des Negers.

Joe nickte. »Ja, wenn ihr versprecht, mir zu folgen, mich zu decken und mir zu Hilfe zu kommen, wenn es anders als geplant verläuft.«

Die Männer nickten.

»Sollen wir die Sache hinter uns bringen?« sagte der Portugiese eifrig und zog sein Messer, »wo ist er?«

»Andres hat ihn eben da vorn gesehen.«

Schnell schlichen sie nach vorn, vollkommen geräuschlos glitten sie durch die Dunkelheit auf ihn zu. Jamaika-Joe war weniger als eine Armeslänge hinter ihm, als er sich plötzlich umdrehte und heiser schrie: »Dalli, dalli, du Köter!«

Der Jamaikaneger erstarrte. Vor Schreck quollen ihm die Augen aus dem Kopf. Die anderen zogen sich einige Schritte zurück.

»Auf ihn!« flüsterte der Portugiese, der einzig Mutige unter ihnen.

Da nahm der Neger all seinen Mut zusammen.

»Ja, verflucht noch mal, ich werde dalli machen!« rief er und warf sich auf ihn.

Sekunden später warf der riesige Neger ihn über die Reling, den gierigen Haifischen des Ägäischen Meeres zum Fraß.

Die S/S Ktapodi tuckerte weiter durch die schwarze Nacht, als wäre nichts geschehen.

Als aber der Kapitän am nächsten Morgen erfuhr, was passiert war, schäumte er vor Wut.

»Das ist Meuterei!« schrie er, »eure Ouzo- und Masticha-Ration ist auf unbestimmte Zeit eingezogen. Euch sollte man alle am Mast aufknöpfen, die ganze Mischpoke, verdammte Skilis!«

Die Besatzung hatte seinen sprechenden Papagei ermordet.

Sahara
Die Helden des Wüstenforts

Die Luft glühte. Die Wüste schnappte heiß keuchend nach Luft, wie ein Ölofen mit defekter Düse. An der versandeten Kante des Karawanenweges lagen halb begrabene Kadaver von Ziegen, Schafen und Kamelen. Am gleißenden, zitternden Horizont der Wüste warteten räudige Schakale ungeduldig darauf, daß die Sonne ihr Hochofenflimmern löschte und die kühlende mondlose Nacht sich über die heißen Sanddecken senkte.

Seit 87 Tagen und Nächten wurde das kleine Wüstenfort El Salah mitten in der Sahara von den Sirdis belagert. Die Mannschaft des Forts bestand aus tapferen Einheiten der Fremdenlegion unter Leitung von Oberst Lacretelle sowie einer Truppe Beduinen des französischen Wüsten-Kamel-Corps. Die Sirdis waren ein kleiner wilder, aufrührerischer Stamm, der in den Sandbergen östlich von der Oase Djebel Kiffa sein Unwesen trieb, von wo aus er einen blutigen Überfall nach dem anderen verübte.

Oberst Lacretelle hatte jegliche Hoffnung auf Hilfe aufgegeben, denn es war unmöglich, eine Depesche zur Garnison in Sidi Bel Shari durchzuschleusen. Der Proviant war längst aufgebraucht, und Wasser hatten sie seit Wochen nicht mehr. Die Mannschaft hing keuchend in den Schießscharten und sah Fata Morganas mit Brunnen, die so eng wie Wüstenheringe in der Dose beieinanderlagen, und kleine Araberkinder, die mit Wasser planschten, daß es wie in Kaskaden über die ganze Wüste rauschte. Und während sie da lagen, in betörende Traumgesichte verstrickt, wurden sie von harten, gnadenlosen Sirdi-Kriegern einer nach dem anderen niedergemäht.

Die Beduinen des Kamel-Corps warfen sich unentwegt in den staubigen Sand auf die Knie und bettelten Allah um Wasser, wobei der Sand wie bei einem kräftigen Wüstensturm aufgewirbelt wurde, Windstärke 12, und die Lage noch unerträglicher machte.

»Allah akbar! Gib uns Wasser! La illaha illullah«, schrien sie, bis sie so trocken im Halse waren wie eine leere Whiskyflasche in einem heißen Backofen. Es war das reine Elend.

»Laßt uns die weiße Flagge hissen und um freies Geleit bitten, damit wir eine Patrouille an den Fluß schicken und unsere leeren Wassersäcke füllen können«, bettelte Sergeant Murville.

Der Kapitän des Wüsten-Kamel-Corps, Scheich Mechmed, sah ihm fest in die Augen und sagte mit kalter Stimme: »Sag das noch einmal, Effendim.«

»Ich sagte – laßt uns um freies Geleit bitten, daß wir eine Patrouille an den Fluß schicken und unsere Wassersäcke füllen können«, wiederholte Sergeant Murville.

»Welchen Fluß, Effendim?«

Ein schwaches spöttisches Lächeln zeigte sich auf Scheich Mechmeds fülligen blauen Wüstenlippen.

»Zeig ihn mir, Effendim.«

Sergeant Murville zeigte mit seiner braunen Faust über den Wüstensand: »Dort, der breite Fluß, der nahe an unserem Fort vorbeifließt. Ich sehe ihn ganz deutlich. Er ist so nah, daß ich mit diesem Stein hier seine glatte Oberfläche kräuseln könnte.«

Sergeant Murville flitschte einen flachen Stein über die Wüste, daß der Sand in einer gewaltigen Staubwolke aufwirbelte. Einen Augenblick später stürzte er sich von der Ringmauer des Forts hinab und krabbelte mehrere hundert Meter auf den eingebildeten Fluß zu, bis man ihm ein paar Leute nachschickte.

»Meine Leute halten diese Hölle keine Nacht mehr aus«, murmelte Oberst Lacretelle bedrückt und strich sich mit dem Handrücken einen halben Topf Schweiß von der fieberheißen Stirn.

Aber als in der folgenden Nacht der rotgoldene Mond der Sahara, el Gamer, im Zenit stand, geschah etwas Unerwartetes. Auf einem verschwitzten schwarzen Hengst kam ein Reiter auf das Fort zugerast, wobei ihm die Kugeln ums Kafieth, die weiße Kopfbinde, jagten und das Hinterteil von Gumbazzas beschossen wurde. Unter Aufbietung der letzten Kräfte gelang es der Wache, das Tor zu öffnen, und der Reiter torkelte herein. Erschöpft sank er vor Oberst Lacretelle in den braunen Wüstensand.

»Salaam aleikum«, begrüßte ihn der Oberst.

»Aleikum salaam, Effendim«, grüßte der Araber keuchend zurück, wobei er einen Finger in seinen Hals steckte, um ihn vom Wüstensand zu reinigen. Wie durch ein Wunder war die Wüstenbriefpost diesmal durchgekommen. Er brachte die neuesten französischen Pin-up-Magazine und Briefe von zu Hause, in denen Frauen, Mütter und Geliebte wohlmeinende Ratschläge gaben, daß sich die Männer in den kalten Wüstennächten um Gottes willen nicht erkälteten, aufpaßten, keinen Sand in die Augen zu kriegen und die Finger von den frechen Arabermädchen zu lassen.

Oberst Lacretelle faßte Mut. Die allerletzten verdorbenen Tropfen Wasser des Forts wurden dem entkräfteten Postreiter in den Hals geträufelt, und er

kam ein wenig zu sich. Der Oberst kritzelte einige Worte auf eine Postkarte, holte eine Briefmarke aus der Schublade, frankierte die Karte und gab sie dem Postreiter in die Hand.

»Versuch, mit der Depesche zum Kommandanten in Sidi Bel Shari durchzukommen«, sagte Oberst Lacretelle eindringlich, »und ich werde dich für die Tapferkeitsmedaille ersten Grades mit Dattellaub und Kamelhaarkette vorschlagen.«

Der Wüstenpostreiter steckte den Brief in seine Gumbazza und schwang sich auf seinen schwarzen Hengst. Einen Augenblick später ritt er vom Fort El Salah weg, und Oberst Lacretelle folgte ihm gespannt mit den Augen, bis er wie ein Punkt, wie ein Sandkorn am Horizont verschwand.

Drei Tage später wurde Melek Hamdi mehr tot als lebendig dem Kommandanten im Fort Sidi Bel Shari vorgeführt, der die Depesche überflog.

»Schnell«, befahl er dann seinem Unterbefehlshaber, »schick sofort Hilfe nach Fort El Salah, laß so viele gefüllte Wassersäcke, wie wir entbehren können, dorthin schaffen.«

»Wir selbst können im Augenblick kaum Wassersäcke entbehren, Monsieur Colonel«, wich der Unterbefehlshaber aus, »wir haben nur die nötigsten Rationen.«

»Wir sind nicht ganz so schlecht dran wie die Leute im Fort El Salah«, schnitt ihm der Kommandant in aller Schärfe das Wort ab, »sieh doch mal die Depesche, die Oberst Lacretelle mir geschickt hat. Sogar die Spucke haben sie aufgebraucht. Die Briefmarke war mit einer Sicherheitsnadel befestigt.«

England

Der große Eisenbahnraub

Sie kennen sicher Bruce Badford und Joe Monks. Damals nach dem großen Eisenbahnraub las man ihre Namen in allen Zeitungen. Bruce Badford und Joe Monks waren zwei der Anführer. Bruce war der Organisator, die treibende Kraft hinter dem ganzen Plan. Joe Monks, genannt Marokko-Joe, war Experte für automatische Schußwaffen. Aber jener große englische Eisenbahnraub war das reinste Kinderspiel gegen den Coup, den sie jetzt planten. Diesmal sollte es nichts Geringeres sein als der große alljährliche Goldtransport von der Bank of Scotland nach der Bank of England.

»Laß uns den Plan noch einmal ganz genau durchgehen«, schlug Bruce auf einem ihrer geheimen Treffen vor. Er ging hinüber zur Wand und zeigte auf einen dort aufgezeichneten Plan, der fast die ganze weiße Wand bedeckte.

»Hier liegt Edinburgh, hier die Bank of Scotland und hier die Richtung Süden verlaufende Eisenbahnlinie nach London. Und hier, genau hier, wo ich hinzeige, liegt die Eisenbahnbrücke bei Foots Cray. Zwei Meilen südlich von Foots Cray . . .«

»Ich brauche eine Maschinenpistole, eine Bazooka und einen Kasten Dynamit«, unterbrach Marokko-Joe eifrig, wobei er seine Hände vor sich in Position hielt und demonstrierte, wie die Maschinenpistole losballern würde.

»All right«, fertigte ihn Bruce gereizt ab, »du kriegst schon deine Knallbonbons und alles, was du brauchst, aber versuch jetzt, dich auf den Plan zu konzentrieren. Was liegt zwei Meilen südlich von Foots Cray?«

»Llanover Lane, die Ausgangsposition für die kleine Privatbahn nach Ballinluig Grove. Right?«

»Right. Und wo hält Luigi Raviolo mit seiner Lokomotive?«

»Auf dem Abstellgleis von Foots Cray. Müssen wir denn Luigi unbedingt mit reinziehen, Chef? Ich habe kein Vertrauen zu dem großschnäuzigen Spaghettifresser.«

»Wir brauchen eine Lokomotive, und Luigi kann die Lokomotive fahren.«

»Wenn das Gold in kleine Portionen zu 1500 Barren zerhackt werden soll«, wandte Marokko-Joe hartnäkkig ein, »dann lohnt sich die Sache kaum, Chef. Wie wär's, wenn wir nach dem Coup die Bazooka auf Luigi bliesen? Die müssen wir doch auch mal anwenden. Oder wir könnten ihn mit dem anderen Spielzeug durchlöchern.«

»Gehen wir jetzt erst mal unseren Plan durch, oder was?«

Bruces Stimme klang gereizt.

»All right, Chef, all right. Also, Luigi läßt seine Lokomotive auf dem Abstellgleis von Foots Cray stehen.«

»Von Norden kommt der Sonderzug mit dem gepanzerten Goldwaggon. Zuerst die Lokomotive, dann der Wagen mit der Wachmannschaft, und dann . . .«

»Und dann der gepanzerte, plombierte Waggon mit dem gesamten Gold für unsere hohlen Zähne.«

»Genau! 5000 herrliche Barren aus reinem Gold.

Llanover

Der Sonderzug saust an Foots Cray vorbei und nähert sich Llanover Lane. Wir basteln ein wenig an der Weiche, und der Goldtransport rollt weiter auf die Privatbahn in Richtung Ballinluig Grove. Der Lokführer kratzt sich im Nacken und murmelt verwundert ›What the devil. Die Privatbahn nach Ballinluig Grove. Hier stimmt was nicht.‹ Dann haut er in die Bremsen, daß die gesamte Wachmannschaft durcheinanderrollt und diesen Trottel von Lokführer verflucht. Er setzt langsam zurück zur Hauptlinie, hält einige Sekunden, wechselt vom Vorwärtsgang in den Rückwärtsgang, und inzwischen . . . ja, was passiert inzwischen, Joe?«

»Inzwischen rückt Luigi klammheimlich mit seiner Lok von hinten an den Sonderzug ran, und ich springe vor und koppele den Goldbarrenwaggon an Luigis Lokomotive. Right?«

»Right. Und dann taucht Sexy-Sussy auf dem Bahnsteig von Llanover Lane auf, sie scharwenzelt im kurzen Röckchen herum und wackelt mit allem, was es da zu wackeln gibt. Während der Wachmannschaft bei dem berauschenden Anblick die Augen aus dem Kopf fallen, springst du unbemerkt zwischen den Goldwaggon und den Wagen der Wachmannschaft und koppelst blitzschnell das Gold ab, und dann zukkelt Luigi mit den hübschen Sachen in Richtung Norden, aber . . .«

Marokko-Joe unterbrach ihn eifrig: »Der Sonderzug wird die Verfolgung in Richtung Norden aufnehmen, und da muß der Lokführer nochmals, auf einen Warnschrei der Wachmannschaft hin, hart auf die Bremsen treten, denn unter der Eisenbahnbrücke von Foots Cray, die Luigi soeben mit seinen Goldplomben für den hohlen Zahn passiert hat, hast du mitten auf den Schienen den Dynamitkasten wunderhübsch arrangiert. Die Lunte frißt sich bereits drohend in die Knallperlen hinein, und die Wachmannschaft krümmt die Zehen und gibt die Verfolgung auf. In der Zwischenzeit bist du auf Luigis Lokomotive gesprungen, und ihr fahrt auf das alte Kohlengrubengleis nach Notting Hill Mines. Unten in den verlassenen Grubengängen teilen wir das Gold fifty-fifty, nachdem ich Luigi mit warmer Spritzsoße aus der Bazooka kaltgemacht habe. Right?«

»Right.«

Zum 117. Mal waren Bruce und Joe ihren Coup von A bis Z durchgegangen. Alles war bis in die kleinste Einzelheit geplant, es konnte einfach nichts schiefgehen. Bruce Badford entfernte sorgfältig jede Spur der Kartenskizze, die er auf die Wand gemalt hatte, während Joe Monks sich hinsetzte und nachdenklich vor sich hin starrte.

»Das schwächste Glied in der Kette«, gab er zu bedenken, »ist Sexy-Sussy, die auf dem Bahnsteig von Llanover Lane herumstolziert und die Aufmerksamkeit der Wachmannschaft auf sich ziehen soll. Bist du sicher, Sexy-Sussy hat noch so viele Reize, mit denen es sich zu wackeln lohnt, wenn wir 1998 hier rauskommen?«

Bruce Badford und Joe Monks saßen unter Sonderbewachung im Dartmoor-Gefängnis. Wie bekannt, bekamen sie seinerzeit 40 Jahre Gefängnis wegen Teilnahme an dem großen englischen Eisenbahnraub.

Der Ferne Osten
Der Draufgänger von Kang Puuh

Die amerikanische Militärbasis lag irgendwo im Fernen Osten, genauer gesagt, einige hundert Yard südlich von dem Dorf Kang Puuh, nicht weit von der Anhöhe 44, wo mehrmals harte Kämpfe ausgefochten worden waren. Die Hubschrauberpiloten Ben Stone, Larry Brandon und Duffy Smart krochen müde aus ihren harten Feldbetten. Die nervenzermürbenden Erkundungsflüge der letzten Nacht hatten sie sehr mitgenommen. Sie verschlangen ihre Bacon und Eggs und traten dann vor den Operationschef Kapitän Bartlett.

»Ich habe eine interessante Aufgabe für euch, Jungens«, begann Bartlett mit gekünstelter Begeisterung, »sie ist ganz und gar ungefährlich, aber von großer Wichtigkeit, sofern sie richtig ausgeführt wird. Aber zuerst lest mal diese Flugblätter, die schon seit einigen Tagen von feindlichen Maschinen über unsere Kampfgebiete und die größeren Städte abgeworfen werden.«

Kapitän Bartlett reichte jedem der drei Piloten ein primitiv formuliertes, schlecht gedrucktes Flugblatt, und sie lasen:

»Soldaten, Kameraden! Ihr macht die dreckige Arbeit für die Imperialisten. Ihr befolgt die Befehle eures verantwortungslosen Präsidenten und seiner kapitalistischen Mitläufer. Ihr werft Bomben auf unsere Häuser, aber wir verzeihen euch. Wir wissen, daß ihr zutiefst in eurem Herzen mit uns fühlt. Ihr wißt, daß wir für eine gerechte Sache kämpfen. Soldaten! Kameraden! Sabotiert die kapitalistische, monopolistische Kriegsindustrie, zerstört eure Hubschrauber, gießt Benzin auf eure Kampfmaschinen und haltet ein Streichholz daran. Zielt euren imperialistischen Vorgesetzten und ihren mitlaufenden Hunden zwischen die Augen, legt die Waffen nieder und kommt rüber zu uns. Mit diesem Flugblatt in den Händen werdet ihr als wahre Freunde empfangen. Wir werden euch mit Reisbranntwein willkommen heißen, wir werden alles tun, damit ihr euch in der freien, glücklichen, kommunistischen Welt wohl fühlt. Kamerad! Soldat! Wir erwarten dich!«

Die drei Piloten legten die Flugblätter hin.

»Auf diesen Köder fallen unsere Jungens kaum herein«, gab Kapitän Bartlett seinen Kommentar ab, »aber jetzt seht euch mal dieses reizende kleine Flugblatt an, mit Playboy-Girls auf der Rückseite, das unsere eigenen Propagandaleute entworfen haben.«

Der Kapitän las den drei Piloten den Text vor: »Hallo, Freunde! Wir wissen, daß ihr hungert, Wurzeln und Baumrinde freßt und am Rande des Zusammenbruchs seid. Wir wissen, daß eure Anführer euch schändlich hinters Licht führen, aber laßt euch nicht betrügen! Werft die Waffen hin, schleicht euch nachts über den nächstbesten Pfad über die Grenze und kommt zu uns rüber. Wir werden euch zu glücklichen Kapitalisten machen, denen nichts fehlt. Bei uns bekommt ihr soviel Coca, wie ihr in euch hineingießen könnt, ihr kriegt amerikanische Zigaretten, King Size, amerikanischen Kaugummi, ihr kriegt kleine willige Nachtclubmädchen, die alles können, und ihr bekommt die Gelegenheit, an dem wilden, ausschweifenden Leben teilzunehmen, das unsere Soldaten im Urlaub führen. Brecht das Joch des Kommunismus und kommt ruhig und sicher zu uns rüber. Schon heute abend könnt ihr singend und lachend durch unsere Straßen schlendern, mit einer süßen Puppe unter jedem Arm. Yeah, man, soldierboy! Mit diesem Flugblatt in der Hand ist dein kapitalistisches Glück gesichert. See you, friend!«

Mit zufriedener Miene legte Kapitän Bartlett das Flugblatt aus der Hand.

»Hübscher kleiner Gruß, nicht? Jetzt brauchen wir nur noch eine genügende Anzahl dieser Blätter an den richtigen Stellen fallen zu lassen, und die richtigen Stellen sind da, wo die meisten kleinen verdammten schlitzäugigen Kerle wohnen, nämlich in ihrer größten Stadt. Das ist euer Ziel. Ihr fliegt in geringer Höhe über die am dichtesten besiedelten Gebiete der Stadt, laßt eure Grüße fallen und . . . hören Sie mich, Duffy?«

Duffy stand schläfrig und schwankend vor dem Kapitän. Jetzt knallte er die Hacken zusammen und rief erschreckt: »Jedes Wort, Sir!«

Kapitän Bartlett sah Duffy eindringlich an, als ginge ihm erst jetzt richtig auf, wer da vor ihm stand.

»Ich bat um drei Freiwillige für eine Routineaufgabe, und wieso stehen Sie dann hier, Sie, der wegen seiner außerordentlichen Tapferkeit hoch dekoriert wurde, der allein Anhöhe 44 zurückeroberte? Siebenmal wurde der Hubschrauber unter Ihnen weggeschossen, ohne daß Sie eine Schramme davontrugen. Warum in Himmels Namen melden Sie sich für eine so ordinäre und ungefährliche Aufgabe wie diesen lächerlichen Propagandazirkus über feindlichem Gebiet?«

»Keine Aufgabe ist ungefährlich in diesem verrotteten Land«, muffelte Duffy, »wenn man seinen Job ver-

antwortlich ausführt, dann riskiert man jede Sekunde sein Leben.«

Die drei Piloten gingen zu ihren Hubschraubern, und Minuten später stiegen sie hoch und verschwanden mit ihrer kostbaren Fracht durch die Luft in Richtung Norden.

Am Nachmittag war Ben Stone wieder da.

»Ging leicht wie ein Kinderspiel«, meinte er.

Eine Stunde später landete Larry Brandon.

»Nicht der Rede wert, die kleinen Schlitzaugen schossen ein paar Löcher in die Luft, als ich die Lektüre fallen ließ, mehr passierte nicht.«

Man suchte den Himmel nach Duffys Hubschrauber ab. Nichts zeigte sich, und man sah einander verständnislos an. Der hochdekorierte Kriegsheld, der verwegene Draufgänger, der tapfere Verteidiger der Anhöhe 44 – konnte er wirklich eine so einfache Aufgabe nicht erledigen und die lächerlichen Flugblätter über der feindlichen Hauptstadt abwerfen?

Der Tag verging ohne ein Zeichen, und der nächste Tag verging. Kein Lebenszeichen von Duffy. Eine Woche verstrich, und kein Duffy. Dann wurde er als vermißt gemeldet, seine Angehörigen wurden verständigt. Auf der Militärbasis hatte man sich eben versammelt, um eine kleine Feier zu seinem Gedenken zu veranstalten, als sein Hubschrauber angerauscht kam.

Duffy landete elegant, stieg aus und schlenderte mit einem großen, breiten Grinsen, das seine schwarze Visage freundlich überzog, zu den Kameraden rüber.

»Na, wie geht's, wie steht's, Leute?«

Kapitän Bartlett stürzte auf ihn zu.

»Wieso brauchen Sie Waschlappen eine ganze Woche, um ein paar lächerliche Flugblätter über feindlichem Gebiet abzuwerfen«, schnaubte er, »könnte ich bitte eine Erklärung dafür bekommen, aber sie muß verdammt gut sein, hören Sie.«

Duffy sah seinen Chef verblüfft mit offenem Mund an. »Abwerfen«, murmelte er verständnislos, »sagten Sie abwerfen? Dann muß ich wohl bei der Instruktion geschlafen haben. Ich bin mit der Zunge aus dem Hals von Haus zu Haus gerannt und habe sie durch alle Briefschlitze geworfen.«

Amerika
Leichenschmaus

Als Farmer Joshs erste Frau Samantha, die knochige und spindeldürre Neusiedlerin, starb, nahm auch Farmer Moses, der Laienprediger von Riverdale, an der Beerdigung teil. Samantha war, wie bereits angedeutet, keine große Schönheit, aber ihrem Mann, Farmer Josh, eine gute und tüchtige Frau gewesen. Daher sollte sie eine schöne Beerdigung haben und auf angemessene Weise zur letzten Ruhe gebettet werden. Es gab ein großes Gefolge, im Rahmen der kleinen Präriestadt natürlich, und auch Farmer Moses wurde eingeladen, obwohl seine Farm weit weg auf der anderen Seite von Lambs Cliff lag, genauer gesagt, in Springs Valley, und er Farmer Josh persönlich nicht näher kannte.

Es war eine feierliche Beerdigung. Der Laienprediger von Riverdale hatte eine Menge schöner Worte über Samantha gesagt, und als die Verstorbene angemessen gewürdigt worden war, hatte er Farmer Josh in die tiefste schwarze Hölle verdammt. Denn wenn er besser für Samantha gesorgt und nicht jeden Cent in der gottlosen Goldgräberstadt Bluff Jeddo verzecht hätte, wäre sie heute sicher noch am Leben. Statt dessen war sie jämmerlich dahingesiecht, bis man ihre Knochen heute zu Grabe getragen hatte. Amen.

So etwa hatte der Prediger von Riverdale der *Riverdale Post* zufolge an Samanthas Bahre gesprochen.

Farmer Josh war tief bewegt und zögerte keine Sekunde, den ganzen Leichenzug nach Hause zum Leichenschmaus einzuladen. Er organisierte ein paar Flaschen Whisky, und als man die köstliche Flüssigkeit probiert hatte, schwenkte man Farmer Josh feierlich in einem goldenen Stuhl dreimal ums Haus herum, weil er so ein schönes Begräbnis arrangiert hatte. Und der Prediger von Riverdale, es sei zu seiner Schande gesagt, war durch das Feuerwasser so aus der Fassung geraten, daß er sich nur mit Mühe am Tisch aufrecht halten konnte, während er ein Schlußgebet für sich selbst sprach und dann stumm unter den Tisch glitt.

Als Farmer Moses sich am nächsten Tag in seinen alten klapprigen Ford setzte, um die Heimreise anzutreten, war er voll des Lobes.

»Das muß ich wirklich sagen«, meinte er und drückte warm Farmer Joshs Hand, »das war ein wunderschönes Begräbnis. Davon wird man noch lange sprechen.«

Diese Bemerkung faßte Farmer Josh als so großes Kompliment auf, daß er als ersten Farmer Moses einlud, als er drei Jahre später seine zweite Frau, die schieläugige Margie von Hickory Ridge, begraben mußte. Margie war durch einen Unfall ums Leben gekommen. Sie war in einen Brunnen gestürzt, als sie Farmer Josh mit der Feuerharke verfolgte, weil er in Bluff Jeddo Margies gesamte Ersparnisse versoffen hatte.

Nie hatte der Prediger eine schönere Rede gehalten als an Margies Bahre. Dann schwor er Farmer Josh ewige Verdammnis und das Feuer der Hölle, weil er Margie durch den morschen Deckel des Brunnens hatte stürzen lassen. Anstatt ihr sauer erspartes Geld aufzutrinken, hätte er lieber einen neuen Deckel für den Brunnen kaufen sollen.

Nachher stellte das ganze Gefolge einstimmig fest, daß dies die beste Begräbnisrede gewesen sei, die seit Menschengedenken in Black Fork gehalten worden war.

»Das muß doch gefeiert werden, nicht, Farmer Josh?« fragte Farmer Moses gespannt, und Farmer Josh nickte. Dann nahm er das ganze Gefolge mit sich nach Hause. Man feierte drei Tage und drei Nächte lang, und jedesmal wenn der Prediger für einen Augenblick aus seinem Rausch erwachte, verfluchte er Farmer Josh in die tiefste pechschwarze Hölle hinunter, wo er die schlimmsten Qualen erleiden sollte. Dann setzte Farmer Josh wieder die Whiskyflasche an seinen Mund, und der Prediger schwieg.

Als einige Jahre später Joshs dritte Frau, die scharfzüngige Kathy von Glenn Hills, starb, wurde Farmer Moses abermals zum Begräbnis eingeladen. Farmer Josh ließ durchblicken, daß er diesmal das allergrößte Begräbnis feiern würde, das jemals im gesamten Distrikt zwischen Lambs Cliff, Phelps Kearney und White Mountains abgehalten worden war, denn Kathy war im Kindbett gestorben, nachdem sie die Familie um drei kräftige, gesunde und lebenstüchtige Söhne vermehrt hatte.

An dem Tag, an dem man Kathy zur letzten Ruhe betten wollte, setzte sich Farmer Moses auf das Trittbrett seines alten Fords und begrub seinen Kopf in den Händen. Als er fast eine Stunde so dort gesessen hatte, näherte sich ihm seine Frau, die energische und spitzzüngige Mary Ann.

»Ich dachte, du wolltest zur Beerdigung«, sagte sie mit strenger Stimme.

»Nein«, murmelte Farmer Moses, »ich bleibe zu Hause, diesmal gehe ich nicht hin.«

»Und warum nicht, wenn ich fragen darf?«

»Weil«, fauchte Farmer Moses und warf einen verbitterten Blick auf seine zickige Frau, »weil ich mich geniere, zu allen Beerdigungen von Farmer Josh zu gehen ... ohne mich jemals revanchieren zu können.«

Italien

Brüderschaft mit der ganzen Welt

Bei dem berühmten New Yorker Psychiater Doktor Gigglefuss erschien eines Tages ein neuer Patient, ein kleiner, unscheinbarer Mann, der sagte, er leide unter schrecklichen Kopfschmerzen. Der Doktor zog eine Karteikarte hervor und bat um seinen Namen.

»Nick Fossengoggle«, sagte der kleine Mann.

Der Doktor begann zu schreiben. »Sagten Sie Nick oder Dick?«

»Nick natürlich. Kennen Sie mich nicht?«

Der Arzt schüttelte den Kopf.

»Dann sind Sie der erste Mensch, der mich nicht kennt, Herr Doktor. Ich kenne alles, was Rang und Namen in den 49 Staaten hat, beim Vornamen.«

Fünf Minuten später hatte Nick so viele Berühmtheiten als seine engsten und persönlichen Freunde aufgezählt, daß Dr. Gigglefuss keine Bedenken hatte, seine Diagnose zu stellen: Größenwahnsinn.

»Ich fürchte, Sie leiden an Megalomanie, Mr. Fossengoggle«, sagte er, »kein Wunder, daß Sie Kopfschmerzen haben.«

»Und was läßt sich dagegen tun, Doktor? Ronald empfahl mir eine Seereise . . .«

»Ronald?«

»Ja, der Präsident.«

Der Mann mußte vollkommen verrückt sein. Doktor Gigglefuss entschied schnell im stillen, daß es wohl die beste Kur wäre, den Mann mit einigen der genannten Persönlichkeiten zu konfrontieren, deren Namen er so selbstsicher herausschleuderte, als wäre er mit allen zur Schule gegangen. Könnte man ihn oft genug blamieren, wäre er sicher schnell kuriert.

»Sind Sie näher bekannt mit . . . ja, sagen wir, Bob Hope, Marlon Brando, Danny Kaye?« fragte der Arzt.

»Komisch, daß Sie gerade die drei nennen, Herr Doktor«, lächelte Nick, »zufällig haben wir alle zusammen neulich in Las Vegas Poker gespielt.«

Doktor Gigglefuss nahm Nick mit nach Hollywood, wo er ihn mit einem der genannten Schauspieler konfrontieren wollte. Auf der Straße trafen sie zufällig Frank Sinatra, der Nick zuwinkte und rief:

»Hallo, Nick, es eilt ja nicht besonders, aber wie steht's mit den 500 Dollar, die du mir seit letzter Woche schuldest?«

Dr. Gigglefuss stutzte. »Kennen Sie auch . . . ja, zum Beispiel Shirley MacLaine?«

»Shirley«, sagte Nick, »ja, natürlich, gestern abend war ich auf einer tollen Party bei ihr eingeladen in Beverley Hills.«

Gemeinsam suchten sie ihre Villa auf.

»Hallo, Nick«, rief sie zur Begrüßung, »du hast wohl deine Zahnbürste heute morgen hier vergessen?«

»Well, well«, dachte Dr. Gigglefuss, »er ist natürlich Agent oder so etwas in der Richtung, er kennt alle Stars . . . Mal sehen, ob er ebenso viele Bekannte in Washington hat. Da wird's wohl hapern.«

Man reiste nach Washington, um möglicherweise einen Blick des Präsidenten zu erhaschen. Nick sah

ihn, als er mit einer Polizeieskorte vom Kapitol gesaust kam.

»Hallo, Ronald«, winkte Nick.

»Hallo, Nick«, winkte der Präsident zurück.

Triumphierend wandte sich Nick an den Doktor. »Wie Sie sehen, kenne ich sie alle. Sie können mir nicht eine Berühmtheit in der ganzen Welt nennen, mit der ich nicht Brüderschaft getrunken hätte.«

Die Möglichkeit, daß Dr. Gigglefuss eine falsche Diagnose gestellt haben sollte, irritierte ihn. Das war ihm noch nie passiert.

»Okay, wir fliegen jetzt nach Europa«, schlug er vor.

In London wurde Nick zum Tee in den Buckingham-Palast eingeladen. Am nächsten Abend nahm er Dr. Gigglefuss mit zum Striptease ins Windmill Theatre.

»Hallo, Nick«, riefen ihm die Mädchen von der Bühne her zu, »bist du auch mal wieder in unserem Lande?«

Am nächsten Tag begrüßte ihn eine Dame in der Downing Street. Sie wechselten einige Worte über das Wetter.

»Die Premierministerin«, erklärte Nick hinterher.

»Jetzt fahren wir nach Paris«, sagte Dr. Gigglefuss kurz.

Den ersten Abend in der Stadt der Liebe verbrachten sie in den *Folies Bergères.* Während die Mädchen auf der Bühne posierten, blinzelten sie Nick zu und gaben ihm durch Zeichen zu verstehen, daß er nach der Vorstellung zu ihnen in die Garderobe kommen sollte.

»Ich kenne die ganze Meute«, sagte Nick grinsend zu Dr. Gigglefuss.

In einem Nachtclub begrüßten sie später Brigitte Bardot, und auf den Champs-Élysées begegneten sie am folgenden Tag dem französischen Außenminister.

»Bonjour, Nick, comment allez-vous?«

»Merci, bien - et vous?«

»Hören Sie mal«, sagte Dr. Gigglefuss, als sie sich später bei einem Glas Pernod an einem der kleinen runden Tische vor dem *Café de la Paix* niedergelassen hatten, »ich gebe zu, daß ich eine falsche Diagnose gestellt habe. Es imponiert mir wirklich, wie viele berühmte Leute Sie kennen, aber ich glaube nun trotzdem, ich kann einen Mann nennen, mit dem sie nicht auf du und du stehen.«

»Wen?«

»Den Papst.«

»Wir sind alte Brieffreunde.«

Man fuhr nach Rom. Tausende von Menschen standen dichtgedrängt auf dem Petersplatz. Die wogende Menschenmenge wartete darauf, daß der Papst sich zeigen und seinen Segen spenden würde.

»Warten Sie, Doktor«, sagte Nick eifrig, »dann versuche ich, ob ich an der Schweizer Garde und den persönlichen Leibwächtern des Papstes unbemerkt vorbeikommen kann. Wenn es gelingt, komme ich mit dem Papst zusammen auf den Balkon. Dann können Sie sehen, daß unsere Freundschaft wirklich echt ist.«

Nick verschwand, und Dr. Gigglefuss blieb unter den vielen Italienern und neugierigen Touristen auf dem Petersplatz stehen. Vor ihm standen zwei Neger. Nach den schweren Goldringen in ihren Ohren zu urteilen, handelte es sich offenbar um schwarze Prinzen aus dem Somaliland, oder woher sie sonst kommen mochten. Doktor Gigglefuss hatte eine Idee. Wenn Nick zurückkam, wollte er ihn den beiden Negern vorstellen und ihn fragen, ob er auch sie kenne.

Jetzt erschien der Papst auf dem Balkon, hoch erhoben über der Menschenmenge, mit seiner dreigeteilten Tiara, bereit, seinen Segen allen Menschen zu erteilen, guten wie bösen. Und tatsächlich, an seiner Seite zeigte sich Nick. Lächelnd winkte er der Menge zu. In dem Augenblick hörte Dr. Gigglefuss den einen Neger vor ihm zum anderen sagen:

»Du, N-dagara, wer ist eigentlich der Mann, der neben Nick steht?«

Texas
Bill Haggertys Backenzahn

Die grünen Pendeltüren zum Saloon flogen auf, und einer der drei gefürchteten Haggerty-Brüder trat ein, der seit langem gesuchte Viehdieb, Diligenceräuber und Verbrecher Bill Haggerty. Die schlechte Laune stand ihm im Gesicht geschrieben, und die Tische wurden mit ziemlicher Eile abgeräumt. Die bärtigen Cowboys und Goldgräber verdrückten sich wie aufgescheuchte Hühner an die Wand, und Jim, der Bartender, versuchte, sich hinter seinem dichten roten Vollbart so klein und unscheinbar wie möglich zu machen, in der Hoffnung, Bill Haggerty würde ihn übersehen, was jedoch nicht der Fall war. Bill schritt zielbewußt auf die Theke zu, riß dem vor Schreck erstarrten Bartender eine Flasche Whisky aus der Hand, setzte sie an den Mund und trank, als wäre es Vollmilch.

»Ah!« jammerte er und hielt sich die Wange, »mein Zahn! Mein verdammter Backenzahn!«

Die Cowboys und Goldgräber wagten sich wieder ein wenig vor, nachdem sie sich davon überzeugt hatten, daß Bill Haggerty im Augenblick nichts Böses im Sinn hatte.

»Gibt es in dem elenden Nest hier einen Zahnarzt?« wimmerte er.

»Es gibt drei hier, Mr. Haggerty«, versicherte Jim

eilfertig, »keine richtigen, wie in Kansas City, aber es müßte schon ein verdammt schlimmer Zahn sein, wenn die ihn hier nicht rausziehen könnten.«

»Hol sofort den, der am nächsten wohnt«, kommandierte Bill Haggerty und nahm noch einen Schluck aus der Flasche, um die Schmerzen zu betäuben.

Ein Mann huschte durch die Pendeltüren hinaus und kam einen Augenblick später mit dem Stellmacher der kleinen Präriestadt zurück, Cliff Cartwright, einem gedrungenen, bärtigen Kerl, der erschreckt aus seinen kleinen, listigen Augen blickte.

»Kannst du einen Backenzahn herausziehen?« brummte Bill.

»Yes, Sir!« versicherte Cliff hastig.

Bill zog einen Stuhl heran, nahm Platz, öffnete weit seinen Mund und entblößte einen enormen Backenzahn. Cliff sah äußerst bedenklich aus, der Zahn mußte Wurzeln wie eine knorrige Eiche haben. Bill zog seinen Revolver aus der schweren Lederhülle und legte ihn neben sich auf den Tisch.

»Wenn es beim Rausziehen weh tut, dann kannst du dein Vaterunser beten«, sagte Bill grimmig, »wenn du das überhaupt noch schaffst«, fügte er mit einem vielsagenden Blick auf seinen Revolver hinzu.

»Wenn ich den Zahn rausziehe, tut es nicht weh«, versicherte der schlaue, kleine Stellmacher schnell, »aber wenn der Schmied Will Chadcook einen Zahn rauszieht, dann tut es verdammt weh. Soll ich dir mal zeigen, wie es sich anfühlt, wenn Will einen Zahn rauszieht?«

Bevor Bill antworten konnte, hatte der Stellmacher die Zange um den Backenzahn gesetzt und ihn mit einem tüchtigen Ruck gelockert. Mit einem entsetzlichen Gebrüll schoß Bill einen Meter von seinem Stuhl hoch.

»So teuflische Schmerzen sind das, wenn Will Chadcook einen Zahn rauszieht«, erklärte der Stellmacher, »von dem wirst du dich nie behandeln lassen, was, Bill?«

Bill langte nach der Whiskyflasche, nahm einen großen Schluck und kam wieder zu sich.

»Niemals«, bestätigte er, und es war ihm anzusehen, daß er es wirklich meinte.

»Dann haben wir hier unseren Postfahrer, den alten Cab Allcosopp«, fuhr der Stellmacher fort, »der pfuscht auch in seinem Handwerk. Soll ich dir mal zeigen, wie grausam es schmerzt, wenn Cab einen Zahn rauszieht?«

Schnell legte der Stellmacher wieder die Zange um Bills Backenzahn und zog mit einem kräftigen Ruck an den Wurzeln. Bill flog mit lautem Gebrüll fast einen Meter in die Luft.

»Du solltest dir nie von Cab Allcosopp, dem elenden Pfuscher, einen Zahn ziehen lassen«, sagte der Stellmacher listig und reichte Bill die Flasche, damit er sich noch mal stärken konnte.

»Aber jetzt werde ich dir zeigen, wie leicht und schmerzlos ich einen Zahn ausziehe, Bill. Mach doch eben mal den Mund auf!«

Bill öffnete weit seinen Mund, und Cliff zog den losen Zahn mit einer eleganten Drehung aus.

»Das konntest du kaum merken, was, Bill? Und die Rechnung, tja, normalerweise bekomme ich zehn Dollar dafür.«

Ohne ein Wort schmiß Bill einen Zehndollarschein auf den Tisch, steckte seinen Revolver in den Gürtel und schritt auf die Pendeltür zu. Plötzlich drehte er sich blitzschnell um.

»Übrigens«, rief er und hielt den erschreckten Blick des kleinen Stellmachers fest, »hättest du nicht mal Lust zu sehen, wie meine Brüder und ich schießen? Zum Dank für die Behandlung würde ich gern drei Kugeln opfern und dir das demonstrieren. Mein Bruder Jesse ist ein Tolpatsch beim Schießen, wenn er ein paar Tropfen Whisky bekommen hat. Er schießt dann etwa so . . .«

Bill sandte eine Kugel links am Ohr des zitternden Stellmachers vorbei.

»Mein Bruder Seth hat auch keine sichere Hand, wenn er zu tief ins Glas geguckt hat. Er schießt dann so . . .«

Wieder flog eine Kugel haarscharf an Cliffs Ohr rechts vorbei.

»Aber ich kann gut ein oder zwei Flaschen vertragen, ohne daß meine Hände zittern«, erklärte Bill und zielte zum dritten Mal, »jetzt sollst du mal sehen, wie sicher ich schieße, mein lieber Cliff.«

Der Stellmacher sank starr vor Schrecken zu Boden, und mit einem donnernden Gelächter steckte Bill Haggerty seinen Revolver in den Gürtel und verschwand durch die grüne Pendeltür.

Nordpol
Polardrama

Es war in den guten alten Zeiten, damals, als die Männer noch Männer waren und keine Angst hatten, es zu zeigen. Damals lag das alte Thule noch gut versteckt hoch oben im kalten Norden, und man konnte nicht, wie heute, lässig hingegossen in einer Luxuskabine, über den Pol fliegen, während dienende Geister um einen herumsausen und ihre Drinks und zollfreie Zigaretten anbieten. Nein, damals war der Nordpol noch nicht so überlaufen. Man wußte natürlich, wo er lag, aber man wußte nicht genau, wer da schon mal gewesen war, und noch weniger, wie man dahin kam. Und so etwas reizt ja den Forscherdrang. Jeder Entdeckungsreisende, jeder Polarforscher mit ein wenig Respekt vor sich selbst rüstete Nordpolexpeditionen aus. Die Abenteurer veranstalteten ein Wettrennen in den nördlichen Gefilden, über Ellesmere-Land, Grant-Land und Franz-Joseph-Land hinaus, in all den Gebieten, die wir heute wie unsere eigene Westentasche kennen, die man damals aber nur unter den größten Schwierigkeiten finden und bezwingen konnte. So, und jetzt wollen wir mit unserer eigentlichen Geschichte beginnen, ja?

Also gut, sie handelt von dem Amerikaner Gilbert Hall. Ihm kam die glänzende Idee, daß man aus dieser atemlosen Polarjagd eine Menge Geld schlagen könnte. Irgendwo oben in der arktischen Region hatte er bei den Polareskimos seine Zelte aufgeschlagen und betrieb ein Nachforschungsbüro für vermißte Nordpolexpeditionen.

Eines Tages, als er sich bei einer rauchenden Kaffee-Orgie mit kleinen Eskimomädchen amüsierte, schepperte der Telegrafenapparat. Eine Nachricht aus New York: »Hören Sie, eine Katastrophe«, meldete der Telegrafenstreifen, »wir haben seit Ewigkeiten kein Lebenszeichen von Robert Scottmanns Nordpolexpedition. Wo, zum Donnerwetter, kann der Mann abgeblieben sein? Könnt ihr nicht die Hunde vor den Schlitten spannen, die Kufen einkreiden, lossausen und nach ihm suchen!«

Gilbert ließ die Mädchen fallen, spannte eine wilde Horde heulender Alaska-Eskimos vor und zog mit seinen Schlitten gen Norden. Es war ein ungewöhnlich strenger Winter gewesen, und die Hunde hatte man längst für Kohl und Labskaus gebraucht.

Nach einigen Tagen erreichte man die äußerste, eiskalte Kante von Peary-Land und erblickte dort ein halb vereistes Zelt. Gilbert steckte den Kopf hinein und entdeckte die Leiche von Wilbur Smith, dem Kartographen der Scottmann-Expedition. Aufzeichnungen in seinem Tagebuch verrieten, daß er vor Hunger umgekommen war. Und die Vermutung wurde dadurch bestätigt, daß er den Wildlederrücken seines Tagebuches angeknabbert und nur den Golddruck ausgespuckt hatte. Wilbur Smith schrieb, daß alle Leute der Expedition sehr geschwächt wären, nachdem sie seit drei Wochen keinen Krumen zu essen bekommen hätten.

Gilbert lockerte den Kragen seines schwarzen Pelzanoraks, um sich im Nacken zu kratzen.

»Irgend etwas stimmt hier nicht«, sagte er stirnrunzelnd zu Karlsenikut, dem Eskimoführer, der auf einem Stapel ungeöffneter Dosen Pemmikan saß und in einem alten fettigen Exemplar des Atuagagdliutut, des Grönland-Journals, blätterte.

Gilbert warf einen Blick auf die etwa hundert Dosen mit Bohnen, Kakao, Kondensmilch und leckeren handgerollten Frühlingsrollen, die ringsherum im Schnee verstreut lagen. Gilbert glich einem einzigen Fragezeichen. Als Karlsenikut das Feuilleton im Atuagagdliutut durchgelesen hatte, brachen sie auf und setzten die Reise nach Norden fort.

Einige Tage später fanden sie den zweiten Mann der Scottmann-Expedition. Aus einer Mitteilung, die an seine Brust geheftet war, ging hervor, daß auch er vor Hunger gestorben war. Wieder schüttelte Gilbert resigniert den Kopf. Der Kopf des Mannes ruhte auf einem Stapel Dosen, deren Inhalt aus gepökelten Polarschneehühnern bestand, und rundherum lagen Dosen mit Pemmikan. Gilbert öffnete eine Dose mit Schneehuhn-Pastete, es war die beste Pastete, die er seit langem geschmeckt hatte.

Am folgenden Tag fand man ein weiteres Mitglied der Scottmann-Expedition. Damit Polarfüchse, Polarschakale oder andere herumstreifende Raubtiere den Entschlafenen nicht zuschanden beißen konnten, hatte man ihn sorgfältig mit Dosen von Pemmikan und Champignonsuppe zugedeckt. Gilbert schob die Dosen zur Seite und zog einen Zettel aus der Brusttasche des toten Polarforschers. Dort stand: *Roderick McGurk, Unterbefehlshaber der Scottmann-Expedition, vor Hunger gestorben, den 13. Febr. 1898.*

»Ich werde wahnsinnig, ich bin reif für die Irrenanstalt, wenn die Toten weiterhin mit Dosennahrung zugedeckt sind«, rief Gilbert verzweifelt und trat gereizt nach einer Dose mit braunen Bohnen, daß sie bis nach Baffin Bay kullerte.

Um eine lange und traurige Geschichte kurz zu machen – kurze Zeit später fand man direkt am Nordpol des Rätsels Lösung. Dort lag die Leiche von Will Brown, dem Koch der Expedition, und man las seine Tagebuchaufzeichnungen. Dort stand: *Ich kann nicht mehr, die Kräfte lassen nach. Seit 47 Tagen habe ich keinen winzigen Krümel zu essen bekommen. Aber gut, daß bald alles vorbei ist. Die anderen machen mir das Leben zur Hölle . . . nur, weil ich zu Hause im Depot den verdammten Dosenöffner vergessen habe.*

Schottland

Der Schotte und die Fliege

Sandy McGregor war Schotte. Er war in Laggan Lacks House zur Welt gekommen, einem kleinen gemütlichen Wirtshaus, das zwischen den heidebewachsenen Hügeln nördlich von Loch Lomond lag. Sein Vater war der vor langer Zeit verschiedene Glen McGregor, damals der geizigste Schotte im ganzen Gebiet zwischen Dunnet Head und Mull of Galloway.

Glen war so geizig, daß er sofort nach Hause ging und ein Paar zu kleine Schuhe anzog, wenn er eine Schachtel mit Hühneraugenpflaster fand.

Ach ja, es nahm ein trauriges Ende mit ihm, dem alten Glen McGregor. Eines Tages hatte er in finsterer Dunkelheit den Kamin des Wirtshauses versehentlich mit einem Bündel guter, gültiger Pfundnoten anstatt mit alten Zeitungen angezündet. Erst als die Flammen die Scheine bis auf den letzten Fetzen verzehrt hatten, entdeckte er seinen Irrtum.

»Ja aber, alter Freund, was ist denn bloß passiert, Glen McGregor?« fragten McTavish, McLeod und McDouglas, als sie gegen Vormittag ins Wirtshaus guckten, um sich gegen den dichten klammen Nebel draußen auf den Hügeln bei einem kleinen Gläschen zu stärken.

Der alte McGregor saß eigentümlich zusammengeschrumpft auf seinem Holzschemel neben dem Kamin und starrte vor sich hin.

»Was passiert ist?« kam es heiser stockend von dem alten McGregor, »es ist etwas Tragisches passiert! Ich habe ein ganzes Bündel Geldscheine im Kamin verbrannt.«

»A diah!« riefen die drei Männer entsetzt auf gälisch aus. Lange standen sie wie gelähmt da, ohne ein Wort zu sagen. Endlich brach McLeod das Schweigen: »Wenn mir das passiert wäre, so weiß ich ganz genau, was ich tun würde. Ich würde mir die Kehle durchschneiden.«

Der alte Glen McGregor richtete sich auf seinem Schemel auf. Dann schob er den dicken Lammwollkragen seiner Jacke ein wenig runter und zeigte auf seinen Hals.

»Seht!« sagte er.

Das war sein letztes Wort. Er wurde zur Erde gebettet, und sein Sohn, der junge Sandy, übernahm das Wirtshaus. Er schwor hoch und heilig, nicht so abscheulich geizig wie sein Vater zu werden. Der ruhte jetzt in seinem armseligen Sarg auf dem Friedhof, irgendwo unter den kalten heidebewachsenen Hügeln, und seine einzige Gesellschaft war seine leere Brieftasche, die man ihm unter den Nacken geschoben hatte, bevor man den Sargdeckel zunagelte. Sandy gelobte sich feierlich, daß ihm nie jemand ansehen sollte, daß er Schotte war. Und um sich selbst und seiner Umwelt zu beweisen, daß das keine leeren Worte waren, holte er aus dem Keller eine alte verstaubte Flasche *Deirdre's Farewell* und eine noch ältere und noch verstaubtere Flasche kostbaren *Capapfeidh Dew*, und dann schenkte er für McLeod, McDouglas, McRurie und alle übrigen treuen Freunde großzügig die Gläser voll.

»Das geht natürlich auf Kosten des Hauses«,

sagte er, »kein Tropfen soll euch auch nur einen Penny kosten.«

Ja, das waren große, angenehme und unvergeßliche Worte.

»Keinen Penny soll euch das kosten«, wiederholte er langsam und betonte jedes einzelne Wort.

Erst da wagten die Männer, auf seine Gesundheit zu trinken.

Und man erhielt noch einen Beweis dafür, daß Sandy es wirklich ernst damit meinte, nicht so erbärmlich geizig wie sein dahingegangener Vater zu werden. Der Schafhirt McKillop ließ einmal eine Sixpence-Münze zu Boden fallen, und sie rollte vor Sandys Füße. Sandy sah davon ab, seinen Fuß darauf zu setzen und für den Rest des Tages unbeweglich darauf stehenzubleiben, wie sein alter Vater es getan hätte. Nein, ruhig sammelte er die Münze auf und warf sie McKillop zu.

Wahrhaftig! Keiner konnte Sandy anmerken, daß er Schotte war. Tja, das heißt . . . eines Tages ging es doch schief. Er hatte sich mit zwei Stammgästen des Hauses, einem verlaufenen Iren namens Leigh O'Connell und einem englischen Tierarzt namens Albert Ramsey, an einen der massiven Eichentische des Wirtshauses gesetzt und gerade die Gläser mit goldenem *Glen Goming* vollgeschenkt, als etwas Sonderbares geschah. Von einem Deckenbalken stürzten drei Fliegen in die Gläser der Männer, als Sandy gerade mit einem gälischen »Slainthe Mor« seinen Gästen zuprosten wollte.

Der Ire hob sein Glas, sah einen Augenblick irritiert auf die Fliege, fischte sie dann hoch, warf sie zu Boden und zerquetschte sie unter seinem Stiefelabsatz. Dann trank er aus seinem Glas.

Der Engländer runzelte mißbilligend seine Stirn, nahm sein Glas, schüttete den Inhalt ins Abflußbekken an der Theke, bat das Mädchen, ihm ein neues Glas einzuschenken, vergewisserte sich, daß alles war, wie es sein sollte, ging an seinen Platz zurück und trank.

Sandy hingegen nahm vorsichtig die Fliege zwischen seine Finger, zog sie aus dem Whisky hoch, wrang sie sorgfältig über dem Glas aus und trank erst dann.

Holland
Zoete Liesje

Schiffsreeder van Hoogenstraaten hatte bei der Kontrolle seiner Tonnage die sonderbare Entdekkung gemacht, daß man weit weg im Fernen Osten eine uralte Barke für eine Handelsroute eingesetzt hatte. Er rief seinen Tonnagechef zu sich.

»Hören Sie, van Meeldijk, ich dachte, die alte ZOETE LIESJE wäre schon vor etlichen Jahren abgewrackt worden?«

Der Tonnagechef blätterte in seinen Büchern.

»Nein, sie fährt eine Handelsroute irgendwo in Ostindien.«

»Was, der alte Kasten? Bent U er helemaal zeken van? Wer ist der Skipper?«

Van Meeldijk guckte in seine Listen: »Der alte Pieter van Koot.«

»Der alte van Koot! ’k Geloof, dat U zich vergist! Du lieber Gott, der alte van Koot muß weit in den Achtzigern sein, der alte Seeräuber hätte schon vor vielen Jahren in den Ruhestand gehen sollen. Was soll das eigentlich alles bedeuten?«

Der Tonnagechef sah verlegen zur Seite.

»T’ spijt me! Und verrückt ist, daß wir keinen richtigen Kontakt zu ihm aufnehmen können. Es gibt kein Radio, keinen Funk oder sonst was an Bord. Er ist ja noch von der alten Schule . . .«

»Und die Heuer? Wie habt ihr ihm die zukommen lassen?«

»Wir haben sie nach den verschiedenen Häfen geschickt, und dann ist er ab und zu dort aufgetaucht und hat sie abgeholt.«

»Hol ihn sofort nach Hause, auf der Stelle!«

Der Schiffsreeder van Hoogenstraaten wandte sich brummend zum Gehen, dann hielt er inne, strich sich nachdenklich über den Backenbart und kratzte sich im Nacken. Ihm war eine Idee gekommen.

»Ich sehne mich schon lange wieder nach etwas Seeluft«, sagte er zum Tonnagechef, »ich fliege ihm selbst nach. 'k verheug er me op. Wo hat man ihn zuletzt gesichtet?«

Van Meeldijk untersuchte die Position.

»Im Sulumeer, er war in Puerto Trincesa auf Palawan, wo die Heuer der letzten fünf Jahre für ihn lag.«

Am folgenden Tag flog der Schiffsreeder Kees van Hoogenstraaten nach Manila. Der dortige Repräsentant der Reederei meinte gehört zu haben, daß die ZOETE LIESJE mit einer Ladung Kopra nach den Sangi-Inseln gefahren war. Vierzehn Tage später fand der Reeder die Barke vor Anker bei den kleinen Tawi-Tawi-Koralleninseln südöstlich von der Balabcastraße.

Auf der Barke saß der alte Pieter van Koot und hielt in einem Arm eine philippinische Schönheit, im anderen eine Flasche Whisky.

»Jetzt geht es auf die Heimreise. 'K heb haast!« brüllte van Hoogenstraaten, als er den alten Kahn enterte.

Bedächtig schob van Koot seinen Priem in den anderen Mundwinkel rüber, setzte das Mädchen auf eine Rolle indischen Hanf und leerte sein Glas.

»Dag, Mijnherr – en – hoe gaa 't ermee?« brummte er und drückte dem Schiffsreeder die Hand, daß es krachte. Dann rief er nach der Mannschaft, die achteraus auf einem Lukendeckel saß und wehmütige heimatliche Klänge auf einer Harmonika spielte.

»Anker lichten! Wir kehren heim zu den süßen Mädchen von Oude Zijds.«

Die Heimreise durch das ostindische Inselmeer mit seinen Myriaden gefährlicher Klippen wurde ein wahrer Alptraum für den Schiffsreeder.

Der alte van Koot besaß nicht einmal eine Schiffskarte, keinen Kompaß, keine Sextanten, kein Chronometer, keine Loguhr, nichts, um die Navigation zu sichern.

»Der reine Wahnsinn«, jammerte van Hoogenstraaten, »Sie fahren uns mit Mann und Maus ins Verderben.«

»Mit Gottes Hilfe und gutem Wind wird es schon laufen, we hebben alle tijd.«

Und richtig, ohne ein einziges ernsthaftes Unglück gelangte man schließlich – obwohl der alte Kahn zeitweise so viel Wasser aufnahm, daß die Ratten drohten von Bord zu gehen – durch den Indischen Ozean, das Rote Meer, den Suezkanal, das Mittelmeer und um Gibraltar herum. Der alte van Koot hatte seit einem halben Jahrhundert diese Gewässer nicht mehr befahren, trotzdem wußte er zur großen Verblüffung des Reeders die ganze Zeit haargenau, wo sie sich befanden. Jeden Morgen, wenn van Hoogenstraaten sich an Deck zeigte, fragte er:

»Wo sind wir jetzt, Skipper?«

»Wir liegen am Wind über Backbord Bug vor Povoa do Varzimo, Portugal.«

»Und Sie wissen genau, daß der Haufen Häuser dort zu Povoa do Varzimo gehört?«

»Natuurlijk, ongetwijfeld!«

Van Koot war seiner Sache sicher, so bomben-

Povoa do Varzim

sicher, daß er den Namen des kleinen portugiesischen Fischerdorfes buchstabieren konnte.

Oder die Antwort lautete, ohne eine Sekunde zu zögern:

»Wir laufen in diesem Moment vor La Coruña, Galizien.«

Ein anderes Mal antwortete er:

»Wir liegen vor der kleinen Hafenstadt Guevinic, Bretagne.«

Und so ging es weiter, bis man im Heimathafen anlangte. Der Schiffsreeder versuchte vergeblich, den alten van Koot zu bewegen, das Geheimnis um seinen verblüffenden Ortssinn zu verraten. Aber erst als er ihm noch weitere fünf Jahre Handelsroute im Fernen Osten versprochen hatte, gestand der alte holländische Skipper: »Verstaat U, jeden Morgen habe ich ein Boot nach Brötchen an Land geschickt – und dann las ich auf der Tüte vom Bäcker, wo wir uns befanden.«

Polynesien
Der Gourmet

Pierre Chamoir war ein Gourmet, ein Feinschmekker erster Klasse. Er schätzte die Raffinements der Gastronomie unendlich hoch, und wie es sich für den echten Gourmet ziemt, stellte er auch hohe Anforderungen an das Äußere. Er erwartete, daß der Tisch peinlich korrekt gedeckt war, und vor allem, daß die Teilnehmer der Mahlzeit den tiefsten Respekt für die bevorstehende heilige Handlung zeigten, indem sie beispielsweise die kulinarischen Leckerbissen in absolutem Stillschweigen genossen. Während der gesamten gastronomischen Prozedur war die Etikette streng zu befolgen. So war es für ihn nicht mit dem guten Ton vereinbar, daß jemand beim Essen die Füße auf den Tisch legte, und sobald er sich diesem horriblen Bruch der Etikette gegenübersah, kritisierte er ihn in aller Schärfe.

Unsere kleine Geschichte über den Gourmet Pierre Chamoir beginnt damit, daß er mit so einem schändlichen Verbrechen konfrontiert wurde.

»Würden Sie bitte Ihre abscheulichen Zehen vom Tisch nehmen, Patrick!« sagte er spitz und warf dem irischen Maschinenmeister Patrick O'Connell einen empörten Blick zu.

»Tisch?« verteidigte sich O'Connell, »wir haben doch gar keinen Tisch, dies lächerliche Palmenblatt willst du doch wohl nicht einen Tisch nennen.« Er zeigte auf ein großes, glattes Blatt, das Pierre Chamoir soeben im Sand vor sich ausgebreitet hatte.

Die beiden Männer waren nach einem Schiffbruch bei einer einsamen Insel im Stillen Ozean an Land gespült worden. Seit Monaten fristeten sie hier ein karges Leben, es gab keine andere Vegetation als eine Gruppe von Kokospalmen und einige Tarobüsche. Ihre Lebensweise war unendlich einfach und monoton. Sie vertrieben sich die Zeit mit Angeln. O'Connell hatte aus einem Stück Stacheldraht einige primitive Angelgeräte hergestellt, und damit fingen sie Papageienfische, fliegende Fische, ab und zu einen kleinen Katzenhai, seltener Lungenfische und häßliche, dickbäuchige Kofferfische.

Bis jetzt hatte das Menü jeden Tag aus Fisch bestanden, aber in allen möglichen Variationen. Pierre Chamoir hatte eine Feuerstelle aufgebaut, und man servierte fliegende Fischfilets à la broche, geröstete Lungenfische sous la cendre, Katzenhaischwanzflosse réchaufé, Papageienfischpirogge panaché und Kofferfisch naturel.

Für den großen Gourmet blieb Fisch stets eine Delikatesse, nach seiner Meinung war Fisch eine der feinsten und erlesensten Speisen, die es gab.

»Puh!« fauchte O'Connell, als Pierre Chamoir das Hors d'œuvre auf dem ausgebreiteten Palmenblatt servierte, »schon wieder verkohlte Katzenhaischwanzflossen. Das hatten wir doch schon gestern.«

»Die sind keineswegs verkohlt, mein lieber Maschinenmeister, das sind Katzenhaischwanzflossen papilote rissolée. Ich möchte Sie darauf aufmerksam machen, daß das eine äußerst raffinierte Speise ist, aber um Gottes willen, wenn Sie keine rissolée goutieren können, dann machen wir sie morgen saignant.«

»Saig . . . was?«

»Saignant. Das bedeutet ganz leicht gebraten, im Gegensatz zu rissolée, durchgebraten.«

»Nenn es, wie du willst. Es ist und bleibt Fisch, und ich habe Fisch noch nie ausstehen können. Mein Hals wird so schrecklich trocken von all diesen verdammten verkohlten Katzenhaischwanzflossen.«

Die beiden Männer aßen stillschweigend weiter. Als Pierre Chamoir seine Haifischflossen verzehrt, die Gräten abgelutscht und sie fein säuberlich auf das Blatt neben sich gelegt hatte, das als Teller diente, erhob er sich, um den nächsten Gang zu servieren, eine plat du jour, die natürlich wieder aus Fisch bestand, genauer gesagt, aus dampfgekochtem Lungenfisch, Pierre Chamoirs Spezialität.

O'Connell kannte nichts Schlimmeres als den ewig stinkenden, gekochten Lungenfisch.

»Vielen Dank!« sagte er und schob mit allen Anzeichen tiefsten Ekels das Palmenblatt zur Seite, »für mich nicht. Dieser elende Fisch trocknet meinen Hals aus.«

Er erhob sich und schlenderte zum Strand, während Pierre Chamoir weiterspeiste. Kaum war O'Connell ans Ufer gelangt, da erblickte er eine große Holzkiste, die offenbar an Land gespült war. Schnell zog er sie auf den Sand und öffnete sie. Sie war bis zum Rand mit Weinflaschen gefüllt. Hastig ergriff er ein paar Flaschen und stürzte zu Pierre Chamoir, der noch an derselben Stelle saß und dinierte.

»Pierre! Pierre!« rief er, außerstande, seine Begeisterung zu zügeln, »eine ganze Kiste Rotwein ist an Land gespült worden!«

Mit seinem Messer gelang es ihm, den Korken zu entfernen, und dann setzte er die Flasche an den Mund und goß gierig den Wein bis auf den letzten Tropfen in sich hinein. Dann pulte er den Korken aus der zweiten Flasche und reichte sie keuchend Pierre Chamoir.

»Hier, alter Freund, trink! Prachtvoller Wein!«

Pierre Chamoir legte eine Gräte zur Seite, kaute sorgfältig seinen Mund leer und blickte O'Connell mitleidig an.

»Haben Sie denn überhaupt keine Manieren, Mann!« sagte er mit einem resignierten Kopfschütteln, »Rotwein zu Fisch!«

Amerika
Schwierige Aufgabe

Der arme Jeffries war von einer Dampfmaschine überfahren worden, daß er flach wie ein Pfannkuchen war, und die kleine Polizeiwache am Orte hatte die unangenehme Aufgabe, die arme Mrs. Jeffries zu benachrichtigen.

»Das erledigst du, Jerry«, befahl der Polizeioberwachtmeister Marshall.

In der ganzen Mannschaft der Polizeiwache konnte Jerry seine Worte am elegantesten formulieren, und daher hatte man zu ihm das größte Vertrauen, wenn es galt, eine so penible Angelegenheit wie diese zu erledigen. Jerry nahm das Telefon und wählte Mrs. Jeffries Nummer.

»Mrs. Jeffries? Ja, hier ist Wachtmeister Barker. Jetzt hören Sie mal zu, Mrs. Jeffries. Sie kennen doch die große Dampfmaschine auf der Hauptstraße 67?« – »Ja, genau 50 Tonnen. Heute morgen ist Ihr Mann daruntergeraten.« – »Ob ihm etwas passierte? Ja, und ob! Er wurde so flach gedrückt, daß man ihn durch Ihren Briefschlitz schieben könnte.«

Zufrieden legte Jerry den Hörer auf. Er hatte die Mitteilung über Jeffries plötzlichen Abgang in die ewigen Jagdgründe so eindeutig formuliert, daß kein Zweifel mehr bestehen konnte. Gleichzeitig hatte er das ungeschriebene Gesetz beachtet, daß man den

Angehörigen gegenüber niemals das Wort *Tod* ausspricht. Aber der Oberwachtmeister war nicht unbedingt zufrieden.

»Ich finde, du hast das ziemlich grob angestellt.«

»Wirklich? Na, dann versuch du es doch besser, wenn es das nächste Mal soweit ist.«

Das nächste Mal war einige Jahre später. Mrs. Jeffries hatte wieder geheiratet, und leider Gottes geschah es, daß ihr zweiter Mann kurze Zeit nach der Heirat unten am Hafen tödlich verunglückte. Wieder hatte die Polizeiwache die traurige Pflicht, der armen Frau die Nachricht zu überbringen.

»Soll ich?« erkundigte sich Jerry.

»Diesmal mache ich das selbst«, winkte der Oberwachtmeister ab, »und du kommst mit, damit du lernst, wie man eine solche Nachricht schonend und taktvoll überbringt. Es gilt, sich der Angelegenheit vorsichtig zu nähern und nicht einfach mit der Tür ins Haus zu fallen.«

Die beiden Polizeibeamten machten sich auf den Weg und klingelten an Mrs. Jeffries, jetzt Mrs. Phillpotts', Tür.

»Guten Tag, Mrs. Phillpotts, es handelt sich um Ihren Mann . . .«

Mrs. Phillpotts schlug erschreckt die Hände vors Gesicht, sie ahnte Schlimmes.

»O mein Gott, Herzschlag! Er ist an Herzschlag gestorben. Sagen Sie es ruhig. Sein schwaches Herz . . .«

»Nein, nein, überhaupt nicht. Sie können ganz beruhigt sein.«

Mrs. Phillpotts Gesicht hellte sich auf. »Gott sei Dank«, seufzte sie erleichtert.

Oberwachtmeister Marshall zupfte seinen Schlips zurecht, dann begann er noch mal.

»Uns wurde gemeldet, daß Ihr Mann wie gewöhnlich eine kleine morgendliche Erfrischung drüben in Larrys Bar zu sich nahm.«

Wieder war Mrs. Phillpotts auf das Schlimmste gefaßt: »Er trank sich voll, geriet in eine Schlägerei, schlug mit dem Nacken gegen die Steinbrücke, und bei der Ankunft im Krankenhaus war er . . .«

»Keineswegs, liebe Mrs. Phillpotts, keineswegs.«

»Ah, Gott sei Dank.«

»Ja, sehen Sie«, fuhr Oberwachtmeister Marshall fort, »von Larrys Bar ging er runter zum Kai, wo er seinen Wagen geparkt hatte. Er passierte die Kreuzung Bartlett Street – Kimball Road – und . . .«

»Und ging bei Rot über die Straße«, unterbrach Mrs. Phillpotts, »und wurde überfahren. Er geriet vor einen großen Laster, und bei der Straßenglätte konnte er nicht . . . sagen Sie es nur, ach, ich kann es Ihnen ansehen, er . . .«

»Nein, das ist ihm nicht passiert. Er ging bei Grün über die Straße, wie es sich gehört.«

»Ah, Gott sei Dank.«

Der Oberwachtmeister wischte sich den Schweiß von der Stirn, dann fuhr er fort.

»Wie gesagt, der Wagen Ihres Mannes stand am Kai, ganz dicht an der Kante. Er stieg ein, gab Vollgas und fuhr an . . .«

»Und fuhr direkt in die Hafenlokomotive . . .«

»Nein, Mrs. Phillpotts. Der Rückwärtsgang war eingelegt.«

»Ah, Gott sei Dank.«

»Das dürfen Sie nicht sagen, der Rückwärtsgang war also eingelegt, hören Sie? Verstehen Sie denn nicht? Der Wagen stand um Haaresbreite von der Kante entfernt, er gab Vollgas, der Rückwärtsgang . . .«

»Soll das heißen, daß er jetzt wieder eine Parkbuße zahlen muß?«

Der Oberwachtmeister gab es auf. Sie gingen wieder, und Wachtmeister Barker hatte die Aufgabe, Mrs. Phillpotts anzurufen und ihr die volle Wahrheit zu sagen, nämlich, daß ihr Mann versehentlich ins Hafenbecken gefahren und ertrunken war, wie ein Bückling.

Drei Jahre vergingen. Mrs. Phillpotts heiratete wieder, und wie grausam es auch klingen mag, so kam ihr dritter Mann kurze Zeit später bei einem Verkehrsunfall ums Leben. Diesmal bekam ein neuer Wachtmeister namens Brennan den Befehl, die fürchterliche Mitteilung weiterzugeben. Eine Stunde lang saß er da, den Kopf in den Händen vergraben, um sich die passende Form für die Nachricht zu überlegen.

»Ich hab's«, rief er endlich erleichtert aus, »nun weiß ich, wie ich es sagen kann, ohne ein einziges Mal das Wort Tod oder Unglück oder so etwas gebrauchen zu müssen.«

Dann erhob er sich, ging zu Mrs. Phillpotts, jetzt Mrs. Smith, und klingelte an der Tür.

»Guten Tag«, sagte er, »sind Sie die Witwe Smith?«

»Nein, ich bin Mrs. Smith, aber doch keine Witwe«, lächelte sie.

Wachtmeister Brennan streckte ihr schnell seine Hand hin und sagte: »Wetten, daß?«

Afrika
Der Wunderdoktor

Der bekannte englische Zoologe Professor William Knox war zu einer Expedition nach Ostafrika ins Tanganjika-Territorium aufgebrochen. Es war nicht seine Absicht, Großwild zu schießen, sondern allein, für das zoologische Museum in London ein Exemplar der ungeheuer seltenen zweischwänzigen olivgrünen rotrüsseligen Elefantenspitzmaus (Rhynchiocyan tropicalis) zu fangen.

Zu Beginn unserer Geschichte hatte er gerade in der Nähe des kleinen Bantudorfes Kimambomambo in der grünen Hölle des Ulugurruwalddschungels sein Lager aufgeschlagen. Im Zelt lag die Frau Professor mit 41,9 Grad Fieber, eine der so gefürchteten ostafrikanischen Tropenkrankheiten hatte sie gepackt.

»Verschaff mir einen Arzt, William«, stöhnte sie.

»Hier? Mitten in der undurchdringlichen Wildnis des Dschungels? Hier gibt es keine Ärzte, Liebling.«

»Dann verschaff mir einen Medizinmann.«

»Medizinmann?« wiederholte der Professor erschaudernd, »good heaven! Du willst dich doch nicht von so einem Scharlatan behandeln lassen? Die nehmen dir das Leben mit all ihrer Zauberei.«

»Gut, dann laß mich sterben.«

Nun, so weit wollte es der Professor doch nicht

kommen lassen, obwohl sie ihm während der ganzen Expedition nur zur Last gefallen war. Er ließ einen seiner schwarzen Boys den Hexendoktor des Kimambomambodorfes holen. Er hieß M'Kwongi.

Als er das Zelt betrat, durchzuckte es die von Fieber geschüttelte Frau Professor. Er hatte sich mit rotem und gelbem Lehm beschmiert, trug eine furchteinflößende Geisterbeschwörermaske, hatte ein Leopardenfell um die Hüften, eine Kette aus Krokodilzähnen um den Hals und führte einen langen Speer bei sich, auf den ein Menschenkranium aufgespießt war.

Er befahl einigen seiner Stammesgenossen, das Feldbett der weißen Frau auf den Lagerplatz nach draußen zu tragen, damit er herumtanzen konnte. Dann braute er eine sonderbare Medizin zusammen, wobei er sorgfältig über seine Geheimnisse wachte, aber es entging dem Professor nicht, daß die Medizin unter vielen anderen Zutaten sieben pulverisierte Froschschenkel und ein Fledermausauge enthielt. Dies abscheuliche Getränk schüttete er in die Kraniumschale eines Gorillas.

Dann begann er, zu den aufreizenden Rhythmen der Dschungeltrommel um das Bett der weißen Frau herumzutanzen, wobei er sonderbare, unartikulierte Laute ausstieß, um die bösen Geister zu verscheuchen. Als der ohrenbetäubende Lärm der Tamtams seinen Höhepunkt erreichte, legte er seine Kette aus Krokodilzähnen um den Hals der weißen Frau, schmierte ihr Gesicht mit Affenfett ein und reichte ihr die Gehirnschale hin. »You drink, mamsib, cheerio!« sagte er auf suaheli.

»Heavens, no!« rief der Professor, »rühr das nicht an! Das ist Humbug. Das Runde, was da oben schwimmt, ist ein Fledermausauge. Alles schwarzer Schwindel . . . das kriegst du nie runter.«

Die Frau Professor kümmerte sich nicht um die

Warnungen ihres Mannes. Sie leerte die Schale bis auf den letzten Tropfen – und am nächsten Morgen fiel das Fieber. Zwei Tage später war sie wieder frisch und munter wie ein kongolesischer Zumbohuanafisch.

»Na, was sagst du jetzt?« fragte sie triumphierend ihren Mann.

»Ich möchte immer noch behaupten, daß diese Kerle Humbugmacher sind«, beharrte der Professor. »Das Fieber wäre sicher sowieso gesunken, auch ohne M'Kwongis Hilfe.«

Acht Tage später packte den Professor dieselbe fürchterliche Tropenkrankheit. Er hatte 41,9 Grad Fieber und lag im Sterben.

»Marjorie«, bettelte er, »verschaff mir einen Arzt, bevor es zu spät ist.«

Eine Stunde später wurde sein Feldbett auf den Lagerplatz gestellt, und der schwarze Hexendoktor in seiner grauenerregenden Geisterbeschwörermaske tanzte um den weißen fieberkeuchenden Mann herum, während die Urwaldtrommeln in voller Lautstärke trommelten. Er schwang den Speer mit dem Menschenkranium dreimal über dem Kopf des weißen Mannes, schmierte sein Gesicht mit Affenfett ein und reichte ihm die Gehirnschale mit der Medizin.

»You drink, bwana, bottoms up!« rief er auf suaheli.

»Niemals!« flüsterte der Professor mit dem Blick auf das Fledermausauge, das auf der scharfen, übelriechenden Flüssigkeit schwamm.

»Trink das, William«, bettelte die Frau Professor, »oder du bist vor Morgengrauen tot und begraben. Denk an die zweischwänzige olivgrüne rotrüsselige Elefantenspitzmaus, die ich hier in der Streichholzschachtel habe. Kubuza hat sie gerade im Affenbrotbaum gefangen.«

Diese sensationelle Nachricht gab dem Professor neuen Lebensmut. Er sammelte seine letzten Kräfte, schloß die Augen und trank die abscheuliche Mixtur bis auf den letzten Tropfen. Im Laufe der Nacht fiel das Fieber auf 37,5, und am nächsten Tag war er wieder auf den Beinen, frisch wie ein Bechuana-Sumpffisch.

»Phantastisch«, sagte er begeistert, als M'Kwongi hinzukam, um sich nach dem Befinden des weißen Mannes zu erkundigen, »deine Medizin ist einzigartig. Ich muß um jeden Preis das Rezept haben.«

»M'Kwongi geben Bwana Rezept, wenn Bwana geben M'Kwongi kleine Kawakango«, versuchte der Medizinmann einen Handel vorzuschlagen, und indem er mit seiner Hand auf seinem strammen schwarzen Magen herumstrich, fügte er hinzu: »Kawakango schmecken hmmm!« (Kawakango war das Wort der Bantuneger für die Elefantenspitzmaus).

Professor Knox zögerte. Die zweischwänzige olivgrüne rotrüsselige Elefantenspitzmaus war der kostbarste Fund, den die Expedition je gemacht hatte . . . aber M'Kwongis Medizin war möglicherweise von noch größerem Wert.

Also bekam der Medizinmann die Elefantenspitzmaus, und der Professor erhielt das Rezept für die wundersame Medizin des schwarzen Mirakeldoktors. Es war mit unbeholfenen Schriftzeichen auf ein Stück Borke gekritzelt. Dort stand:

Rezept: Sieben pulverisierte Froschschenkel, etwas Papageienguano, ein Fledermausauge, eine Handvoll getrocknete rote Ameisen, ausgepreßter Saft von frischem Flußpferdmist, ein feingehackter Molchschwanz, der Zipfel eines Affenohres . . . und 500000 Einheiten Penicillin.

Arabien
Abdullahs frommer Wunsch

Drei gute Freunde, der arabische Ölscheich Fahim el Hassan, der jüdische Großkaufmann Josef Yahiva und der Muezzin Adham ben Hafid, saßen im Mukhaad, dem Haus der Männer, und aßen eine bescheidene Mahlzeit, wobei ein fetter, stickiger, herrlicher Duft von stinkendem Rohöl des nahe gelegenen Ölfeldes ihre Nasenflügel erzittern ließ.

Mit Maßen nahmen die drei Männer von den bescheidenen Gerichten, die ihnen von Scheich el Hassans treuem Diener Abdullah dargereicht wurden. Es gab Schafsmilch, dazu gekochten Reis in Ghee mit Sultaninen, spröde Oasenzwiebeln, Mandeln und orientalische Gewürze. Auf einem großen Teller aus gehämmertem Zinn hatte Abdullah einen gekochten Dromedarbuckel angerichtet und ihn mit großen gelben gebratenen Grashüpfern und Fettschwanzklumpen des delikaten Fettschwanz-Beduinenschafes garniert. An der Feuerstelle saß Abdullah und zerrieb Kardamomsamen, um das Pulver, zur Förderung der Verdauung, in den starken arabischen Kaffee zu schütten.

Der Muezzin schloß seine Mahlzeit nach altem arabischem Brauch, indem er die fettigen Finger in seinem langen weißen Bart trocknete.

»Selim dayetak, mögen deine Hände gesegnet

sein«, nickte der Wirt des Gastmahls, Scheich el Hassan, dem Muezzin zu und zuzelte ein Lammauge aus, bevor er es in die Zinnschale neben sich ausspuckte.

Eine Weile versanken die drei in tiefe philosophische Gedanken, während der Wüstenhund Salih einen aufdringlichen Kamelfloh fing. Abdullah schraubte die Öllampe unter der rauchgeschwärzten, mit Kameldünger verklebten Decke ein wenig runter, um der Umwelt ein gutes Beispiel dafür zu geben, daß man die kostbaren Öltropfen möglichst sparen sollte.

Auch Scheich el Hassan beendete seine Mahlzeit.

»Allah akbar, Allah ist groß«, sagte er mit einem dankbaren Blick auf den Tisch.

»Ya hoo«, ächzte der Muezzin beifällig, »bissahi. Bissahi akbar, Allah! In Wahrheit, groß ist Allah!«

Das stand also fest, und Abdullah schenkte das kochende Kaffeegebräu in die kleinen henkellosen Tassen und achtete genau darauf, daß der Kaffee nach Rang und Würde serviert wurde. Erst nach der vierten Tasse konnte das Gespräch wiederaufgenommen werden.

»Ach ja«, seufzte Josef Yahiva, »hätte man nur mehr Dinare!«

Dann setzte er sich etwas besser zurecht und nahm einen tiefen Zug aus der Nargheela, der Wasserpfeife, die ihm der Wirt des Hauses reichte. Lange saßen die Männer stillschweigend da und brüteten über ihren Gedanken. Endlich brach der heilige Muezzin das Schweigen.

»Ye wellah«, sagte er, »du hast recht, Josef, man sollte mehr Dinare haben. Die großen multinationalen Gesellschaften rennen mit dem ganzen Profit davon.«

Scheich el Hassan nickte langsam und zustimmend. »Ja, jedesmal tun sie das, nein, es lohnt sich kaum, dafür zu arbeiten.«

Auch Josef Yahiva nickte beifällig, ja, er ging sogar noch einen Schritt weiter und behauptete kühn: »Geld, nur das Geld zählt. Wer Geld hat, hat alles. Wer eine Menge Geld hat, hat eine Menge von allem.«

»Das ist richtig«, nickten die beiden anderen. Und sie ließen die Wasserpfeife weiter herumgehen. Wohl liefen die Geschäfte der drei Männer wie mit Öl geschmiert, aber trotzdem gaben ihnen die finanziellen Probleme genügend Anlaß, darüber in tiefes und grübelndes Schweigen zu versinken. Geld, Geld, das sie nie erlangen würden, und wenn sie sich noch so sehr bemühten.

Sie sehen, auch die Ölscheichs und ihre Freunde haben eine Menge Probleme. Und so saßen die drei Männer Abend für Abend im Mukhaad und ließen ihre Gedanken um das Geld kreisen, um Geld, und immer wieder um Geld.

Aber an diesem besagten Abend geschah plötzlich etwas, das die drei sonst so unerschütterlichen Männer die Augen vor Verwunderung weit aufsperren ließ. Als Abdullah frisches Öl auf die Kupferlampe goß und dabei in Gedanken mit dem Ärmel daran rieb, offenbarte sich plötzlich mitten im Mukhaad eine wundersame Erscheinung. Von einem Strahlenkranz umgeben, trat der Geist der Lampe, wie man ihn aus *Tausend und eine Nacht* kennt, in den Raum. Zuerst wollten die Männer ihren eigenen Augen nicht trauen, aber als der Wüstenhund Salih zu knurren begann, begriffen sie, daß sie richtig sahen, daß der Geist der Lampe wahrhaftig vor ihnen stand.

»Ihr findet also das Leben traurig und kaum lebenswert, weil ihr nicht genug Geld habt«, begann der Geist der Lampe mit seiner tiefen, beruhigenden Stimme. »Ich werde jetzt jedem von euch einen

Wunsch freigeben, und das gilt auch für dich, Abdullah. Denkt alle vier gut nach, und gebraucht euren Verstand. Ihr habt jeder nur diesen einen Wunsch frei, und sobald ihr ihn ausgesprochen habt, kann er nicht mehr geändert werden. Wenn ihr alle vier euren Wunsch ausgesprochen habt, verschwinde ich ebenso plötzlich, wie ich gekommen bin, und im selben Augenblick wird euer Wunsch in Erfüllung gehen. Sagt jetzt euren Wunsch, und du zuerst!«

Dabei zeigte er auf Scheich el Hassan.

Scheich el Hassan begann fieberhaft an seinem Kaffijeh zu zupfen, dem großen weißen Kopftuch, das an einem Ring befestigt war und den größten Teil seines schwarzen Hauptes bedeckte. »Ich würde mir wünschen ...«, begann er, machte dann eine kleine Pause, um gründlich nachzudenken, ob er nun auch den richtigen Wunsch nannte, aber es fiel ihm nichts Besseres ein.

»Ich würde mir wünschen«, wiederholte er dann bedächtig, »daß eine Pipeline zu allen bekannten und unbekannten Ölquellen der ganzen Welt gestochen würde und daß das Öl der ganzen Welt hierher zu meinem Ölfeld in Metab-al-Zaban flösse, daß ich ebenso viele Dinare besäße, wie Tropfen Öl in all diesen Leitungen wären. Das ist mein größter, mein einziger Wunsch, und Allah helfe mir, daß er jetzt und hier in Erfüllung gehen möge.«

»Es wird geschehen, wie du es gewünscht hast«, nickte der Geist der Lampe, »und jetzt du!«

Der Geist der Lampe zeigte auf den Muezzin, der seinen Wunsch schon bereit hatte.

»Wellah! Ich wünschte, ich hätte ebenso viele Golddinare, wie es Vögel in der Luft gibt, Tiere auf dem Feld, Fische im Meer und Insekten, die herumschwirren und auf der Erde kriechen.«

»Dein Wunsch soll in Erfüllung gehen, und du?«

Der Geist der Lampe nickte dem jüdischen Großkaufmann zu.

»Ich wünschte«, begann Josef langsam und bedächtig, um sicher zu sein, daß er seinen Wunsch korrekt formulierte, »ich wünschte, ich hätte ebenso viele Dinare, wie es Sandkörner in allen Wüsten gibt, an allen Stränden und auf allen Meeresgründen der ganzen Welt.«

»Dein Wunsch wird erfüllt werden.«

Der Geist der Lampe wandte sich an Abdullah, der nicht zu sprechen wagte, bis er die Erlaubnis seines Herrn erhalten hatte.

»Tfadal bil awal, ya Fahim?« fragte er und suchte den Blick des Scheichs.

»Sprich ruhig, Abdullah«, lautete die großzügige Antwort des Scheichs, und Abdullah sprach:

»Ich würde mir wünschen, daß ihr alle drei auf der Stelle tot umfallen würdet, sobald sich euer Wunsch erfüllt hat . . . und daß ich, Abdullah Shalan, der Sohn des Kamelwäschers, euer einziger Erbe wäre.«

Afrika
Herrscher des Dschungels

Der Held unserer Geschichte liegt zwischen dichten Büschen, kleinen Bäumen und trockenem, störrischem, graugelbem Savannengras im tiefsten Afrika. Es ist der König der Tiere höchstpersönlich, der Herrscher des Dschungels, der mächtige Löwe Simba. Schläfrig, mit gefülltem Bauch hat er den ganzen Tag dort gelegen, und erst als die Sonne untergeht und die Luft sich abkühlt, erhebt er sich träge und gibt durch tiefes, grollendes Brüllen bekannt, daß er wach ist. Zu Tode erschreckt, fliegen die Tiere der Savanne nach allen Seiten, aber heute haben sie nichts zu befürchten, denn Simba hat ein fettes Zebra im Bauch, er ist satt und ruhig.

Einen Augenblick verharrt er unentschlossen. Soll er sich wieder hinlegen und weiterschlummern, oder soll er in den Dschungel zur Wasserstelle trotten und Flüssiges schlabbern? Er wählt letzteres. Der Durst ist schnell gelöscht, aber die Nacht ist noch jung. Was tut er jetzt?

Er schlendert über die Savanne, pfeift eine kleine Melodie auf suaheli und langweilt sich. Die Tiere der Savanne spüren, daß er keine Beute sucht, und sie flüchten weniger erschreckt, als das ungeschriebene Dschungelgesetz es vorschreibt. Das stört Simba, erbost ihn. Er ist ja der Herrscher des Dschungels. Der

Drang, sich zu behaupten, so daß keiner im Zweifel darüber bleibt, wird übermächtig. Mit einem Satz springt er auf eine grasende Gazelle und legt seine Klaue auf sie.

»Wer ist der Herrscher des Dschungels?« brüllt er und starrt in die großen sanften, zu Tode erschreckten Augen der Gazelle.

»Das bist du, mächtiger Simba«, versichert die Gazelle hastig.

»Und wer ist der Schrecken der Gazellen?« brüllt Simba.

»Auch du, Simba.«

Der Löwe lockert seinen Griff um die Gazelle und murmelt zufrieden: »Okay, dann verschwinde jetzt, hau ab!«

In langen Sätzen springt die Gazelle über die Savanne fort, und Simba schleicht von dannen, summt eine Strophe aus *Savannah* vor sich hin. Er muß sich ja die Zeit vertreiben.

Wenig später spürt er ein Gnu auf, er verfolgt es, bis er dem großen schwarzen Tier gegenübersteht. Schnell dreht sich das Gnu um, will die Flucht ergreifen, aber Simba ist schneller, schlägt eine Klaue in das büffelartige Horn und zwingt den Kopf des Gnus zu Boden, daß es kaum Luft kriegt.

»Wer ist der König der Tiere?« brüllt Simba.

»Du, mächtiger Simba«, keucht das Gnu.

»Und wer ist der Herrscher des Dschungels, der Schrecken aller hinterlistigen Gnus?«

»Auch du, o mächtiger Simba«, stöhnt das Gnu und sinkt halb in die Knie.

Simba läßt sein Horn los. »Okay«, murmelt er geschmeichelt, »jetzt kannst du dich wieder unsichtbar machen. Aber schnell!«

Das Gnu verschwindet, und Simba stößt ein Donnergebrüll der Zufriedenheit aus. Weiter trottet er über die Savanne und schnalzt mit der Zunge zu den aufreizenden Rhythmen der Urwaldtrommeln.

Plötzlich steht er einem Büffel gegenüber, seinem schlimmsten Feind. Bevor der Büffel mit seinen mächtigen, geriffelten, lebensgefährlichen Hörnern in Notwehr zustoßen kann, hat Simba seine Klauen auf ihn gesetzt und mit einem sicheren Griff um sein Horn seinen Kopf herumgezwungen.

»Wer ist der König der Tiere?« brüllt Simba und hält den Kopf wie in einem Schraubstock fest.

Der Büffel antwortet nicht. Simba setzt die Zähne in seinen Hals.

»Na los jetzt«, zischt er zwischen seinen scharfen Eckzähnen hervor, »wer ist der König der Tiere?«

»Du, mächtiger Simba«, kapituliert der Büffel.

Simba spuckt ein Büschel Büffelleder ins Gras aus. »Und wer ist der Herrscher des Dschungels, der Schrecken aller korrupten Büffel?«

Simba beißt sich im Hals des Büffels fest, aber über dessen Lippen kommt kein Wort. Tapfer frißt er den Schmerz in sich hinein, und noch fester dreht Simba seinen Hals um.

»Na los, du Niete, wer ist der Herrscher des Dschungels?«

»Du . . . mächtiger Simba«, stöhnt der Büffel.

Simba lockert seinen Griff. Der Büffel steht einen Augenblick kopfwackelnd da, murmelt etwas Unverständliches und schleicht von dannen. Simba wirft ihm einen triumphierenden Blick nach und geht weiter, wobei er mit seiner Baßstimme einige Strophen aus Kiplings Mandaley brummt: *Wenn die Reisfelder im Nebel versanken und der Sonnenuntergang nahte, ergriff sie ihr kleines Banjo und sang kulla-lo-lo . . .*

Nochmals schreitet er zur Wasserstelle. In einem nahen Sumpf erblickt er ein Nashorn. Um es zu ver-

scheuchen, gibt Simba ein donnerndes Gebrüll von sich, aber das Nashorn grast unangefochten weiter. Ein gefährliches Blitzen, das nichts Gutes verheißt, kommt in Simbas Blick. Vorsichtig schleicht er sich an das große, graszupfende Tier heran, setzt zum Sprung an, schlägt seine Klauen in den Rücken des Nashorns und brüllt: »Wer ist der König der Tiere, der Herrscher des Dschungels, der Schrecken aller kleinen lächerlichen Nashörner?«

Das Nashorn schlägt mit seinem Kopf aus, stößt blitzschnell sein Horn unter Simbas Bauch, hebt ihn hoch in die Luft und schickt ihn mit gewaltiger Kraft in einem riesigen Bogen hinüber ins Dornengebüsch.

Verletzt und taumelnd rappelt sich Simba wieder hoch und trottet aus dem Gebüsch über die Savanne. Als er am Nashorn vorbeikommt, wirft er dem großen, plumpen Tier einen bösen Blick zu und murmelt verdrießlich: »Okay . . . aber nur weil du nicht sofort die Antwort auf meine Frage weißt, brauchst du ja nicht gleich grob zu werden.«

Der Wilde Westen

Der einsame Sohn der Prärie

Hier, fast zum Schluß, wollen wir eine kleine lehrreiche Geschichte aus dem Wilden Westen erzählen. Sie handelt von einem zügellosen Weib, das wider Erwarten ihrem Mann eine gute und gehorsame Frau wurde, da er es gleich von Anfang an verstand, sich den nötigen Respekt zu verschaffen. Und so muß es sein im Wilden Westen, die Frau muß dem Mann untertan sein, wenn die Ehe funktionieren soll.

Sehen Sie, wenn Sie dem Rio Grande immer nach Westen hin folgen und dann zu Pferde am Rio Salado entlang weiterreiten, dann kommen Sie nach drei bis vier Tagen zu einer kleinen, unbedeutenden, dreckigen Präriestadt namens Pie Town. Etwa hundert Meilen nördlich von Pie Town wohnte auf einer abseits gelegenen Ranch ein Cowboy namens Joe Harmony. Er ist der Held unserer Geschichte.

Jeden Tag schwang sich Joe Harmony in den Sattel und jagte wie der Sturmwind über die Prärie. »Juppei-di!« schrie Joe und klemmte die Knie in den Lammfell-Chapperejos hart zwischen die Rippen seines Pferdes, um sich gut festzuhalten. Er jagte über die Prärie, bis die Sonne hinter den Newhope Mountains unterging, dann stieg er vom Pferd, legte seinen Gürtel mit den perlenbesetzten Pistolen ab und schwang seinen Lammfellhintern auf einen Heckenstollen von der Einfriedung um seine Ranch. Er holte seine Gitarre hervor und sang all die guten alten Cowboylieder, während die Präriewölfe langgezogene klagende Heultöne ausstießen und das Feuer auf den hoch aufgetürmten trockenen Kuhfladen lustig prasselte. So verlief ein Tag wie der andere für Cowboy-Joe, den einsamen Sohn der Prärie.

Aber eines Tages trat plötzlich eine Frau in sein Leben. Er schritt auf den Saloon von Pie Town zu, um den gelben Präriestaub aus seinem Hals zu spülen, als er vor der Post das hübscheste Mädchen erblickte, das er je gesehen hatte.

Sie war die Tochter des neuen Sheriffs und hieß Clementine. Sie lächelte ihm so süß zu, wie nur Clementinen lächeln können, und plötzlich hämmerte es in seinem Kopf wie von tausend Hufschlägen einer Herde durchgehender Stiere. Es siedete in seiner Brust, und sein Blut kochte. Ja, natürlich, er brauchte eine Frau. Genau das brauchte er auf seiner Ranch, wenn abends die Präriewölfe heulten, wenn das Feuer auf den Kuhfladen prasselte und der spröde Gesang der Zikaden die laue Luft erzittern ließ.

Entschlossen schwang er das Lasso über seinem Kopf, und bevor Clementine bis drei zählen konnte, hatte er sie eingefangen, um sie gefreit, ihr Jawort bekommen und sie in die kleine primitive Holzkirche von Pie Town vor den Altar geschleppt.

»Willst du die Frau, die neben dir steht, zu deinem Weib nehmen?« leierte der Pfarrer herunter.

»Yep!« kam es laut und deutlich von Cowboy-Joe, und dann sagte der Pfarrer Amen, Cowboy-Joe ergriff seine junge Braut und rannte aus der Kirche mit ihr, während die Orgel brauste, hob sie in den Sattel und ritt stolz durch Pie Town.

»Du bist ja verrückt«, riefen die O-beinigen Cowboys ihm nach, die draußen vor dem Saloon an

den Pfosten herumlungerten, »sie ist eine wilde Hummel, die kannst du nie zähmen.«

»Die hat Zunder in sich!« rief der Postmeister.

»Armer Teufel!« schrie der alte Diligencefahrer, »da hast du eine Xanthippe erwischt.«

»Dem Himmel sei Dank, daß ich sie endlich los bin«, grinste der Sheriff, »ich kann sie nicht zähmen, und wenn ich auch tausend Hektar Land hätte.«

Joe nahm das alles gelassen hin. Er spuckte einen Priemstrahl aus und tat, als hörte er die vielen Zurufe nicht. Zufrieden mit sich und seinem Coup ritt er aus Pie Town heraus, gab dem Pferd die Sporen und jagte über die Prärie. Aber plötzlich stolperte das Pferd über einen Stein, oder was es nun war, und Joe wäre fast mitsamt seiner jungen hübschen Braut über den Hals gestürzt.

»Das war das erste Mal«, sagte er und zerrte den Gaul wieder auf die Beine.

Kurze Zeit später, als sie gerade die Höhe bei den verlassenen Goldminen vor Salt Fork erreicht hatten, stolperte das Pferd abermals. Es war nicht daran gewöhnt, mehr als eine Person im Sattel zu tragen.

»Das war das zweite Mal«, bemerkte Joe.

Vor der alten Wassermühle bei Sweet Water strauchelte das Pferd wieder.

»Das war das dritte Mal«, sagte Joe.

Dann stieg er ruhig vom Pferd, hob Clementine vorsichtig auf den Boden, zog seine perlenbesetzte Pistole und schoß dem Pferd eine Kugel vor die Stirn.

Clementine warf Joe einen zornigen Blick zu.

»Was fällt dir ein?« schimpfte sie, »jetzt müssen wir den Rest des Weges zu Fuß gehen. Und es sind noch 25 Meilen. Ich lasse mir so einen Quatsch nicht gefallen, du blöder Kerl.«

Joe runzelte die Brauen und sah seiner Braut fest in die Augen. »Das war das erste Mal«, sagte er.

Pazifik

Die Paradiesinsel

Arthur Hamilton haßte die Zivilisation. Er war Direktor einer großen Firma in der Eisenindustrie, und von morgens bis abends hörte er nichts anderes als Klagen »Mehr Lohn - kürzere Arbeitszeit!« Er hatte diese ewigen Gehaltsforderungen satt, dieses widerwärtige Streben nach Konsumgütern, Statussymbolen und was sonst noch alles die Arbeitnehmer heutzutage für die Mitarbeit untauglich macht.

Arthur Hamilton begann, alle in unserer heutigen Zeit so mißbrauchten Parolen derart zu hassen, daß sich ihm der Traum von einem neuen Leben auf einer einsamen Insel, fernab von aller Zivilisation, immer deutlicher aufdrängte. Es war nicht das erste Mal, daß hier ein Mensch von einer einsamen Insel träumte, aber Arthur Hamilton hatte vor so vielen anderen den Vorteil, daß er einsame Inseln persönlich kannte. Während des Krieges war er im Pazifik stationiert gewesen, und irgendwo südlich von Hawaii hatte er eine winzige Insel entdeckt, Paradise Island, die wohl nie von weißen Menschen betreten worden war, bevor er seine Füße auf sie gesetzt hatte. An der kleinen Lagune wohnte eine Schar Eingeborener, glückliche primitive Menschen, die nie Kontakte zur Zivilisation gehabt hatten. Sie lebten ihr einfaches, ursprüngliches Leben in der Natur, ohne Hast und

Sorgen. Sie beschäftigten sich mit Fischen, Singen, Tanzen und Lieben.

Paradise Island war Arthur Hamiltons Traum.

Wundert es Sie, daß er seine Träume in die Wirklichkeit umsetzte? Zusammen mit seiner jungen Frau Rosalind ankerte er eines schönen Tages mit seiner großen Yacht im Pazifik, an einem kleinen Korallenriff vor der Paradiesinsel. Ein kleines primitives Outriggerkanu der Eingeborenen brachte sie das letzte Stück bis zur Insel. Während die Brandung die Yacht im Laufe der Zeit zu einem Wrack zerschlagen würde, zogen Arthur und Rosalind ihre europäischen Kleider aus und verbrannten sie, wie um die letzten Fesseln der Zivilisation zu sprengen. Sie trugen jetzt einen bunten Schurz wie die Eingeborenen.

Nun begann ein wunderbares Leben für Arthur und Rosalind. Zusammen mit den Eingeborenen bauten sie eine hübsche kleine Hütte aus Palmenblättern an der allerschönsten Stelle der Paradiesinsel. Den ganzen Tag lagen sie am weißen Strand, lauschten der Brandung und dem stillen Rauschen des Windes in den Palmenkronen. Wenn die Dunkelheit sich herabsenkte, schmückten sich die jungen Mädchen und Männer mit duftenden Blumenkränzen und tanzten zu den aufreizenden Rhythmen ihrer selbstgebauten Gitarren, und wenn nachts der Mond glänzte und Silberstreifen über den weiten Pazifik warf, schlenderten sie über den weißen Sand der Lagune, bevor sie sich in ihrer Bambushütte zur Ruhe legten und beim Rauschen der Brandung einschlummerten.

Eines Tages tat der alte Häuptling der Eingeborenen, Kaula, seinen letzten Atemzug und hauchte in Frieden seine Seele aus. Man schob ihn in einem blumengeschmückten Kanu vom Land aus auf seine letzte große Reise ins Reich der Götter zum fernen Horizont des Pazifiks.

Es sollte ein neuer Häuptling gefunden werden, und es ergab sich gleichsam natürlich, daß Arthur wegen seiner Intelligenz und Überlegenheit der neue Häuptling der Insel wurde. Er wurde ein ebenso beliebter wie milder Herrscher. In kurzer Zeit schon gelang es ihm, den Lebensstandard höherzuschrauben. Die kleinen Fische, die man bisher gefangen hatte, erschienen ihm unzureichend für die Gesundheit der Eingeborenen, und er lehrte sie, bessere und größere Kanus zu bauen. Damit konnten sie ohne Gefahr für ihr Leben weiter hinausfahren, wo die großen fleischigen Pazifikfische schwammen. Er lehrte sie, ihre kleinen primitiven Yamsfelder zu bearbeiten und Mais anzubauen. Er ließ eine große Hütte bauen, in der Rosalind die jungen Leute die englische Sprache lehrte. Vom Wrack seiner Luxusyacht, die immer noch gegen das Korallenriff schwappte, barg er verschiedene nützliche Dinge, so den elektrischen Herd, den Motor, einen Generator und die elektrischen Apparate. Und nachdem er mit all diesen für die Eingeborenen ganz ungewohnten Geräten herumhantiert hatte, gelang es ihm wirklich, das kleine Elektrizitätswerk der Yacht in Betrieb zu setzen und damit auch den elektrischen Herd. Das bedeutete für die Frauen der Insel, daß sie nicht mehr so oft Reisig zu holen brauchten für das Feuer. Statt dessen konnten sie ihre Zeit für nützlichere Dinge verwenden. Einer der jungen Fischer, Noaoa, holte eines Tages die Radioanlage von der Yacht an Land, und es gelang Arthur, das Radio anzuschließen. Es wurde in Rosalinds Schulstube aufgestellt und in den Unterricht einbezogen, so daß bald die gesamte Bevölkerung der Insel die englische Sprache beherrschte.

Der Gesundheitszustand der Leute wurde von Tag zu Tag besser, die Ernährung immer abwechslungsreicher. Auch die Wohnverhältnisse lagen Arthur am

Herzen. Anstatt der primitiven, zu engen Palmblätterhütten ließ er die Eingeborenen neuere, größere Hütten aus Pandanusholz bauen, und alle arbeiteten tüchtig mit. Für jeden Tag Arbeit gab Arthur den Eingeborenen je eine große milchreiche Kokosnuß. Nachdem er auf diese Weise alle Kokosnüsse der Insel verwaltete und sie zur Ermunterung verteilte, lernten die Eingeborenen, die gesunde und nahrhafte Speise zu schätzen.

Doch eines Tages, als Arthur gerade bei seinem Radio saß, um eine größere und bessere Antenne anzumontieren, kam Noaoa mit einem Anliegen zu ihm, und als der junge Fischer sein Anliegen vorgetragen hatte, begriff Arthur, daß es nur eins für ihn zu tun gab, wenn er weiterhin sein Glück auf der Paradiesinsel finden wollte, nämlich: die Pandanusholzhütten abzureißen, zu den kleinen primitiven ausgehöhlten Kanus zurückzukehren, die Maisfelder aufzugeben, das Elektrizitätswerk zu demontieren und zu zerstören, die Schulhütte abzureißen und das Radio kaputtzuschlagen.

Und das waren Noaoas Worte: »Großer Häuptling! Wir Männer auf der Paradiesinsel, wir hören Stimmen im Radio, kluge Wörter, und wir denken viel. Wir fordern mehr Kokosnüsse und kürzere Fischfangzeit.«